Erkennen,
nicht tadeln, ändern

Die Ehrw. Ayya Khema im Buddha–Haus, Allgäu, 1992

Erkennen, nicht tadeln, ändern

Eine Festschrift zum 70. Geburtstag der Ehrw. Ayya Khema

Jhana Verlag

Technische Angaben:

Festschrift zum 70. Geburtstag der Ehrw. Ayya Khema

1.) Auflage –Uttenbühl– Jhana Verlag 1993

Umschlaggestaltung: Nyanabodhi

Photographien: Nyanabodhi und Heinz Roiger

Satz: Martin Imme

Druck: Druckerei Uhl

ISBN: 3–928396–07–2

Inhalt

Teil I

Beiträge zur Festschrift

Der Weg mit Ayya Khema

Vorwort des Herausgebers

von Heinz Roiger

Der siebzigste Geburtstag von Ayya Khema ist für uns eine Gelegenheit, ihr mit dieser Festschrift zu zeigen, was sie für ihre Schüler und Freunde bedeutet. Sogar eine einmalige Begegnung mit ihr durch einen Vortrag, Bücher, Kassetten oder einen Meditationskurs ist für viele von ausschlaggebender Wichtigkeit für ihr Leben gewesen.

Gerade in den letzten Wochen wurde uns mit besonderem Nachdruck gezeigt, was es bedeutet, den spirituellen Weg mit und unter der Anleitung von Ayya Khema zu gehen. Selbst vor der anstehenden Krebs–Operation im Februar 1993 wurde Ayya Khema nie müde, trotz größter Beschwerden, weiter zu lehren, d.h. Kurse und Dhamma–Vorträge zu geben. Immer wieder ermahnte sie uns, gerade jetzt die Vergänglichkeit zu erkennen. Sie forderte uns auf, nicht an der geliebten Lehrerin anzuhaften. Der Buddha habe schon gesagt, jeder müsse den Weg selber gehen, und er sei nur der Wegweiser. Gerade diese Haltung ist es, die uns wohl alle am meisten bei Ayya Khema beeindruckt.

Als ich Ayya Khema kennenlernte, sagte sie einmal, ihr Beruf sei Nonne. Mönche und Nonnen sollten Profis sein im spirituellen Leben, d.h. im Studieren und Praktizieren des Dhamma und, sofern sie die Gabe hätten, das Dhamma weitergeben. Nonne – ein Beruf? Dieser Gedanke war mir noch nie in den Sinn gekommen. Doch nachdem ich Ayya Khema etwas kannte, wurde mir klar, daß ich hier das Glück hatte, einen wirklichen Profi getroffen zu haben, eine Nonne aus Berufung im wahrsten Sinne des Wortes. Sie wurde nicht müde, Meditationskurs nach Meditationskurs in allen Teilen der Welt (wohin immer sie eingeladen wurde) zu geben, sich selbst dabei oft bis zur Erschöpfung fordernd, um dann auf die besorgten Fragen lächelnd zu antworten: „Nächstes Jahr werde ich etwas weniger tun." Wir – im Buddha–Haus – fragten uns immer wieder beim Blick in den Terminkalender für das neue Jahr, wann denn nun das nächste Jahr endlich da sei, um dann resignierend festzustellen, daß unsere Zeitrechung wohl eine andere sei.

Doch gerade dieses unbeirrbare Fortschreiten auf ihrem Weg ermöglichte es uns, ihr zu folgen. Genauso, wie Ayya Khema den Erklärungen des Buddha folgt und diese nachvollzieht, haben wir die Möglichkeit, durch ihre Lehrtätigkeit die Buddha–Lehre zu verstehen und auf diese Weise den dargelegten Pfad zu beschreiten. Ayya Khemas klare, pragmatische und einfache Art schwierige und komplexe oder trockene Themen darzulegen und zu erläutern entspringt aus der Kernfrage: „Wie macht man das?" Laut Ayya Khema gibt es keine Patentrezepte, da jeder individuell an sich arbeiten muß, aber einen ihrer Leitsprüche möchte ich hier zitieren: „Nicht so viel denken, sondern nur machen". Aus dieser Geisteshaltung folgt dann auch die Basis für die spirituelle Läuterung, nämlich „Erkennen, nicht tadeln, ändern", wie uns Ayya Khema immer wieder dringend nahelegt. Der Titel dieses Buches wurde aus diesem Grund gewählt. Ein weiteres Zitat, das Ayya Khema gerne hat, ist von Rabbi Hillel, der im ersten Jahrhundert unserer Zeitrechnung lebte: „Wenn nicht ich, wer denn? Wenn nicht jetzt, wann dann?"

Da Ayya Khema nie viel Aufsehen um ihre Person will, haben wir uns entschlossen, einen schon seit längerer Zeit von Ayya Khema gehegten Wunsch zu erfüllen und das

Buch von ihrem Lehrer, dem Ehrw. Ñāṇarāma Mahāthera, zu veröffentlichen. Dies ist Ayya Khema seit einigen Jahren ein Anliegen, da es ein wichtiges Dhamma–Buch ist, das den ganzen Weg der Läuterung bis zum Erlangen des *Nibbāna* aufzeigt. Wir finden hier die Erklärung einer Lehrrede des Buddha von einem in Sri Lanka wohl bekannten und hochverehrten Meditationsmeister. Er hat Ayya Khema ausdrücklich gebeten, die beinahe verlorengegangene Kunst der meditativen Vertiefungen, die auch der Buddha gelehrt hat, weiterzugeben. Es spannt sich also ein Bogen aus der Zeit des Buddha über seine Jünger hin bis heute zu Ayya Khema. Im Dhammapada–Vers (208) heißt es:

„Drum, wer da einsichtsvoll ist, weise, wissensreich,
Kampffähig, pflichttreu und ein edler Jünger,
Solch einem guten, einsichtsvollen Menschen,
Dem folge man gleich wie der Mond der Sternenbahn."

Dies ist eine treffende Beschreibung für denjenigen, den ein Buddhist »*Kalyāṇa–mitta*« (Edler Freund) nennt und dem es wert ist – zum eigenen Wohl – zu folgen. Wir können uns glücklich schätzen, eine solche edle Freundin und Lehrerin als Wegweiser zu haben und nicht nur das, oft genug ist sie uns auch durch ihre Liebende Güte wie eine Mutter und richtet uns durch ihre Anteilnahme und Präsenz im Gespräch wieder auf, so daß wir den Mut auf dem oft auch beschwerlichen Weg wiederfinden. Durch ihre Lehrtätigkeit in Deutschland, die vielen Bücher, die Gründung des Buddha–Hauses und weitere Projekte, insbesondere die »Schule des Herzens«, einer Einsiedelei im Wald, hat sie einen alten Weg neu aufgezeigt.

Obwohl ich als Schüler und Verehrer von Ayya Khema als voreingenommen zu gelten habe, denke ich, daß diese

Worte noch nicht ausreichen für die Verdienste, die sich Ayya Khema erworben hat.

So bleibt mir, mich von ganzem Herzen bei Ayya Khema zu bedanken, auch im Namen all derer, die sich bemüht haben durch Mitarbeit oder Spenden dieses Buch zu ermöglichen und so Ayya Khemas Arbeit fortzusetzen und zu verbreiten.

Liebe Ayya,

Alles Gute zum Geburtstag und nach Deiner wunderbaren Genesung weiter Gesundheit und Schaffenskraft, und vielleicht ist nun doch bald »nächstes Jahr« – das Jahr, wo Du etwas weniger Termine annimmst. Denn je länger Du gesund bleibst, desto länger haben wir Dich als »*Kalyāṇa-mitta*«. Eine nicht nur uneigennützige Bitte!

Alles Liebe,
Heinz.

Vielen Dank an alle,
die durch ihre Spenden und Mitarbeit
das Erscheinen dieser Festschrift
ermöglicht haben.

Geleitwort

Dieses inhaltsreiche Buch kommt als eine Gabe zum 70.Geburtstag von Ayya Khema. Mit meinen eigenen wenigen Worten möchte ich mich als jetzt 92–Jähriger den Gratulanten anschließen. Ich denke dabei mit Hochschätzung an ihre vielseitige und segensreiche Tätigkeit für den *Theravāda* Dhamma. Mit ihrer lebendigen Darstellungsweise in Büchern und Vorträgen hat sie vielen den Weg zum Verständnis und zur meditativen Praxis der Buddha–Lehre geöffnet.

Möge sie noch viele Jahre ihre Tätigkeit fortsetzen können.
Möge dieses Buch vielen Lesern Förderung bringen.

Nyānaponika Mahāthera

Forest Hermitage,
Kandy, Sri Lanka, im Mai 1993.

* * *

Der Ehrw. Nyānaponika Mahāthera und die Ehrw. Ayya Khema vor der Forest Hermitage, Kandy, Sri Lanka 1983

Biographie von Ayya Khema

Ayya Khema wurde 1923 als einziges Kind jüdischer Eltern in Berlin geboren. Ihr Vater, Theodor Kussel, war Offizier–Stellvertreter im Ersten Weltkrieg, wurde verwundet und bekam das Eiserne Kreuz erster Klasse, was ihn aber später auch nicht davor schützte, durch Hitler die deutsche Staatsangehörigkeit zu verlieren. Als gelernter Bankfachmann wurde er nach dem Krieg erst freier Makler an der Berliner Börse und dann als vereidigter Kursmakler zugelassen, eine Staatsanstellung, in der er äußerst erfolgreich war. Die Familie lebte im Wohlstand in einer 12–Zimmer–Wohnung in Berlin–Tiergarten mit vier Bediensteten. Ayya Khemas Mutter hieß Lizzie, geb. Rosenthal; ihr Vater Jakob Rosenthal hatte ein Kindergarderobengeschäft an der Ecke Rankestraße–Tauentzienstraße neben der Kaiser–Wilhelm–Gedächtniskirche. Die Eltern waren auch schon in Berlin geboren, der Vater im ältesten Haus Berlins: Krögel Nr.1.

Ayya Khemas Onkel Leo Kestenberg, Mann der Schwester ihres Vaters, war Ministerialrat für Musikerziehung an der Musikakademie Berlins und einer der Lehrer von Yehudi Menuhin. Er war einer der ersten jüdischen Künstler, die im »Stürmer« (Zeitung der Nazipartei) als »entartet« angeprangert wurden. Die Familie floh in die Tschechoslowakei und rettete sich rechtzeitig nach Israel, wo Leo Kestenberg dann das Philharmonische Orchester Israels ins Lebens rief, das heute noch besteht.

Durch die Judengesetze Hitlers verlor Ayya Khemas Vater seine Anstellung und mußte hohe Abgaben an das Finanzamt machen, so daß die Familie 1938, am Ende der Zeit in Deutschland, Zuflucht bei einer Schwester des Vaters in einer kleinen Hinterhofwohnung in Berlin–Moabit nehmen mußte.

Nach der Kristallnacht im November 1938, in der die Synagogen in Brand gesteckt wurden, war es dem Vater klar, daß es in Deutschland keine Zukunft für deutsche Juden gab, und er kaufte von seinem letzten Geld Fahrkarten für eine Schiffsreise der Lloyd Triestino nach Schanghai, die sechs Wochen dauern sollte.

Da die Eltern glaubten, daß sie ein junges Mädchen nicht mit nach China nehmen konnten, wurde Ayya Khema, zusammen mit 200 anderen, elternlosen Kindern, mit einem Kindertransport fortgeschickt. Ein Schiff der Hamburg–Amerika–Linie brachte die Kinder von Hamburg nach Dover, und dann ging es mit dem Zug bis London. Diese Rettungsaktion geschah durch die Vermittlung der jüdischen Gemeinde Deutschlands, durch die 10.000 jüdische Kinder nach England und Schottland kamen. 900.000 jüdische Kinder sind danach in Deutschland umgekommen.

Ayya Khema kam zu einer Familie nach Glasgow in Schottland, die sieben Kinder hatte und jemanden brauchte, der im Haushalt helfen sollte. Sie bekamen die denkbar ungeeignetste Person dazu, da Ayya Khema zu der Zeit – nach ihren Aussagen – nicht einmal wußte, wie man Wasser kocht. Ayya Khema lernte jedoch spielend die englische Sprache, da ja niemand dort Deutsch sprechen konnte. Die Fünfzehnjährige war aber in der total fremden Umgebung nicht glücklich. Sie bat daher ihren Vater, sie auch nach Schanghai kommen zu lassen. Da inzwischen der europäische Krieg ausgebrochen war, wollte der Vater sowieso sein einziges Kind aus Europa herausholen, und so schiffte sich Ayya Khema mit 16 Jahren auf dem japanischen Frachter »Haruna Maru« in Liverpool ein und kam sechs Wochen später nach einer abenteuerlichen Schiffsreise bei ihren Eltern in China an.

Dort hatte der Vater inzwischen mit zwei anderen Emigranten ein gutgehendes Geschäft aufgemacht, wo zum ersten Mal in China fertige Damenkleider hergestellt und verkauft wurden, was besonders bei den japanischen Frauen viel Anklang fand. Die Eltern hatten sich eine schöne Wohnung beschafft, in der Ayya Khema sogar einige Möbel und Gemälde aus der Berliner Wohnung wiederfand. So wurde zum zweiten Mal eine Basis für ein gutbürgerliches Leben aufgebaut. Ayya Khema besuchte und absolvierte die Handelsschule und bekam als zweisprachige Sekretärin sofort eine recht gute Anstellung bei einer russischen Export–Firma.

1943 wurde diesem Leben ein Ende gemacht, da die Japaner Schanghai besetzten und als Alliierte Deutschlands eine Juden–Proklamation herausgaben, nach der 18.000 Juden aus vielen europäischen Ländern in Scheunen, Abstellräumen und sonstigen Räumen in einem Zivilgefangenenlager interniert wurden. Auf diese Weise verlor die Familie zum zweiten Mal alles Hab und Gut, Wohnsitz und Lebensunterhalt.

Das Lager wurde versehentlich von amerikanischen Fliegern bombardiert, da sich eine japanische Radiostation direkt daneben befand, wobei viele Menschen umkamen. Dabei wurde Ayya Khema das erste Mal hautnah mit dem Tod konfrontiert, da der Bombenkrater direkt vor ihrem Haus war. Fünf Tage vor Ende des Krieges wurde Ayya Khemas Vater ein Opfer der unzulänglichen Hygienezustände im Lager. Sein Tod traf sie tief, da sie ihrem Vater sehr nahestand.

Sie arbeitete dann als Sekretärin bei den amerikanischen Besatzungstruppen, die Tschiang Kai–Schek unterstützten, aber den Vormarsch von Mao Tse Tung nicht aufhalten konnten.

Die amerikanischen Wohlfahrtsorganisationen machten es sich dann zur Aufgabe, die internierten europäischen Juden aus dem Lager nach Amerika zu bringen und schickten dafür Truppentransportschiffe nach Schanghai. Ayya Khema hatte 1946 einen deutschen Juden geheiratet, und 1947 wurde ihre Tochter Irene noch im Lager geboren. Es dauerte bis 1949, dann konnte Ayya Khema mit ihrer Familie nach Amerika ausreisen. Kurz danach überrannte Mao Tse Tung Schanghai und alle verbliebenen Europäer und Amerikaner wurden inhaftiert.

In Amerika war es nicht einfach, Fuß zu fassen, aber stetige Arbeit gab der jungen Familie eine Lebensgrundlage. 1956 wurde ein Sohn, Jeffrey, in San Diego, Kalifornien geboren. 1954 war Ayya Khema Amerikanerin geworden, ein freudiges Ereignis, denn bis dahin hatte sie keinerlei Staatsangehörigkeit, da Hitler den Juden die deutsche Staatsangehörigkeit abgesprochen hatte.

Nach dreizehn Jahren Ehe war es beiden Ehepartnern klar, daß sich ihre Interessen in vollkommen verschiedene Richtungen entwickelt hatten, und sie trennten sich. Ayya Khema siedelte auf eine Gesundheitsfarm an der Grenze von Mexiko und Kalifornien um, wo sie natürliche Ernährung erlernte, Vegetarierin wurde und die ersten Schritte zum spirituellen Leben unternahm. Es gab Seminare über das Leben der Essener, und sie besorgte sich die Lehren von Swami Yogananda, Self–Realization Fellowship. Dort heiratete sie zum zweiten Mal und zwar einen früheren Schulkameraden, mit dem sie sowohl in Berlin als auch in Glasgow die gleiche Schule besucht hatte. Eineinhalb Jahre waren sie

Mitarbeiter auf der Gesundheitsfarm, wofür sie dort umsonst wohnen, essen und lernen konnten.

In den folgenden fünf Jahren unternahmen sie Weltreisen, um Länder, Leute, Gepflogenheiten und natürliche Lebensweisen kennenzulernen. Zuerst ging es den Pan–American Highway herunter von Texas bis Panama, der zu der Zeit noch keine Brücken hatte, so daß der Jeep, der auch als Wohnung und Küche diente, viele Male durch Flußbette hindurchgesteuert werden mußte. Von Panama fuhren sie per Bus, Flugzeug und Auto–Stop durch Südamerika über die Anden von Peru hinunter zum Amazonas–Tal. Da der Fluß sehr ausgetrocknet war, mußten sie einen Monat in einem kleinen Dorf am Ucayali–Fluß bleiben, bis es möglich wurde, in einem Kanu aus einem ausgehöhlten Baumstamm den Rest des Weges bis Iquitos weiterzukommen.

Als nächstes lebten sie eineinhalb Jahre in Pakistan, wo sie auf einer Insel im Indus wohnten und beim Bau eines Elektrizitätswerkes mitarbeiteten; der Staat stellte ihnen zwölf Bedienstete zur Verfügung, die aber mehr Arbeit machten, als daß sie halfen.

Dann kauften sie in England ein Landrover Dormobile, und es begann eine zweijährige Reise durch Europa und Asien, die in Singapur endete und die Familie nach Australien führte.

Auf dieser Reise durch Asien in den Jahren 1963/64 lernte Ayya Khema zum ersten Mal Meditation kennen, sie wurde von der »Mutter« im Sri Aurobindo Ashram angeleitet. Ein Besuch im Ramana Maharshi Ashram öffnete die Tür zu der Frage: »Wer bin ich?«. Die Reise führte durch ganz Indien, in den Himalaya, nach Hunza, Nepal, Kaschmir, Thailand und Sri Lanka. Es ergaben sich erste Berührungspunkte mit dem Buddhismus, allerdings nur aus der Reise–Perspektive.

In Australien angekommen wurde eine 70 Hektar große Farm in Queensland gekauft, auf der die Familie vollkommen autark lebte, biologischen Anbau betrieb und als Einnahmequelle Shetland–Ponies züchtete, die vielen Kindern liebe Gefährten wurden. Die 1963 begonnene Meditation wurde immer weiter praktiziert. Ein altes Milchhäuschen wurde auf der Farm zum »Tempel« ausgebaut, der nun als Besinnungsstätte diente.

1973 hörte Ayya Khema zum ersten Mal die Lehre des Buddha. Ein englischer Mönch, Phra Khantipālo, war nach Australien gekommen, um dort einen Meditationskurs abzuhalten. Sie hatte sich bis dahin schon viele verschiedene spirituelle Pfade angeschaut, konnte aber keinen ganz akzeptieren, da Vernunft und Logik oft nicht angesprochen wurden.

Nachdem sie die Lehre des Buddha gehört hatte, wußte sie, daß dies ihr Weg sei. Sie lud dann Lehrer auf ihre Farm »Shalom« ein, die dort Kurse gaben. Ayya Khemas Interesse an der Lehre vertiefte sich so sehr, daß sie nach Amerika fuhr, um dort weitere Kurse mitzumachen. Sie verbrachte u.a. einige Zeit in Tassajara, einem herrlich gelegenen Zen–Kloster in Kalifornien. Als nächstes fuhr sie nach Burma in das Meditationszentrum von U Ba Khin, wo sie dessen Methode vollständig erlernen wollte. Dann verbrachte sie eine Regenzeit in den Klöstern von Tan Achan Singtong und Tan Achan Mahā Boowa in Thailand und war 1978 bereit, ein Waldkloster in Australien zu gründen, dem der englische Mönch, ihr erster Lehrer, vorstehen sollte. In diesem Kloster, Wat Buddha Dhamma, wurde inzwischen vielen Menschen die Lehre und die Meditation vermittelt, und alle zwei Jahre fährt Ayya Khema dorthin, um selber einen Kurs zu geben.

Da ihr erster Lehrer, Phra Khantipālo, sie schon 1975 bat, ihm beim Lehren zu helfen, so hatte sie darin Erfahrung gesammelt und war 1979 bereit, Nonne zu werden. Zu der Zeit war sie bereits Großmutter, denn ihr jetzt 20–jähriger Enkel wurde 1973 in Amerika geboren. Ihr Sohn hatte die Universität absolviert und stand im Berufsleben.

Ayya Khema wollte in Sri Lanka ordiniert werden, da dort der Status der Nonnen besser ist als in Thailand und auch viel mehr Englisch gesprochen wird. Sie brachte ein Empfehlungsschreiben an den Ehrw. Nyānaponika nach Sri Lanka mit, der ihr aber riet, daß sie sich im Vajirarama Tempel in Colombo von dem Ehrw. Nārada Mahāthera ordinieren lassen sollte. Der Ehrw. Nārada war gern dazu bereit und ohne Ayya Khema etwas davon zu sagen, lud er alle Freunde und Helfer des Tempels zur Ordination ein, so daß ca. 600 Menschen anwesend waren. Obwohl Ayya Khema die *Pāli*–Rezitationen alle auswendig gelernt hatte, so wurde sie von den vielen Menschen doch etwas abgelenkt, und sie erinnert sich, daß der Ehrw. Nārada ihr öfter Worte vorsprechen mußte. Nach der Ordination kamen ca. 20 kleine, weißgekleidete Schulmädchen, von denen jedes ein Geschenk an Ayya Khema übergab, das der Ehrw. Nārada besorgt hatte.

Darauf zog sich Ayya Khema erst einmal einige Zeit in das Meditationszentrum Kanduboda in Sri Lanka zurück, wo die Meditation sofort eine große Wende erfuhr. Als Nonne bekam sie das Gefühl, daß sie sich nun um nichts anderes kümmern mußte, und der damalige Abt des Klosters, der Ehrw. Sumatipala Thera, unterstützte sie in jeder Beziehung. Dort kamen auch Erinnerungen an frühere Leben hoch und sie erkannte, daß sie schon mehrere Leben als Nonne verbracht hatte. Sie erinnerte sich auch an Kindheitserlebnisse, wo sie jeden Abend vor dem Einschlafen im Bett die erste und zweite meditative Vertiefung praktiziert hatte. Dies wurde ihr dadurch klar, da sie jetzt die meditativen Vertiefungen (*jhānas*) übte und vervollkommnete, wobei sie aber keinerlei Anweisung erhalten konnte, da sie in Sri Lanka nicht praktiziert wurden. So hielt sie sich an die Anweisungen des Buddha. Selbstverständlich hätte sie gerne Bestätigung und Anhaltspunkte von einem Lehrer gehabt, die sie jedoch erst 1983 bekam, als sie den Ehrw. Ñāṇarāma Mahāthera kennenlernte, der bis zu seinem Tode 1992 ihr Lehrer blieb. Der Ehrw. Ñāṇarāma Mahāthera war Abt eines großen Waldklosters, Mitirigala, inmitten des Dschungels von Sri Lanka, wo Affen und viele andere Tiere genauso zu Hause waren wie die Mönche. Ayya Khema besuchte ihren Lehrer, so oft sie es ermöglichen konnte und erzählt, daß sie dort jedes Mal liebevoll und freudig empfangen wurde. Sonst korrespondierte sie mit ihrem Lehrer, der glücklicherweise einen Schüler hatte, der perfekt Englisch sprach. Dieser war vor seinem Mönchsleben Professor für Englisch gewesen. Dadurch klappte die Verständigung fehlerlos.

Inzwischen ließ Ayya Khema eine Meditationshalle, eine Bibliothek, Schlaf– und Badezimmer für singhalesische Nonnen in Madiwela, Kotte, erbauen, wo sie selbst dann auch lehrte.

Die englisch sprechende Bevölkerungsschicht Sri Lankas bat sie kurz nach ihrer Ankunft, daß sie dort Meditation lehren solle, da dies zu der Zeit noch immer recht ungewöhnlich war. Die Meditation hat seitdem weitere Kreise gezogen, wird aber vor allem in den Waldklöstern praktiziert, und es fehlt noch heute an Anweisungen für die im Haushalt lebenden Menschen. Daher kam es dazu, daß Ayya Khema einen Meditationskurs auf Polgasduwa, Island

Hermitage, für die Unterstützer dieses Klosters gab, welches 1911 von dem deutschen Gelehrten–Mönch, dem Ehrw. Nyānatiloka gegründet worden war, und auch heute noch westliche Mönche beherbergt.

Einer der Teilnehmer, der selbst an diesem See, in dessen Mitte die Insel des Klosters liegt, ein schönes Haus bewohnte, fragte Ayya Khema, ob sie bereit wäre, auf einer benachbarten, kleinen Insel, ein Nonnenkloster zu eröffnen und zu leiten, wenn er ihr helfen würde. Ayya Khema erzählt, daß sie sich schon seit Jahren von den Geschehnissen leiten ließ, sie weder ablehnte noch an sich heranzog, und so willigte sie ein. Die Insel war Wildnis und ca. einen Hektar groß. Durch Spenden aus aller Welt war es möglich, dort Hütten für Nonnen, eine Meditationshalle, eine Bibliothek, Küche und Speisezimmer und ein Wohnhaus für Besucher aufzubauen. Palmen wurden gepflanzt und Wege wurden angelegt. Schon 1984 war Parappuduwa Nuns Island bereit, die ersten Gäste aufzunehmen.

Da Ayya Khema in vielen Ländern der Welt Meditationskurse gab, folgten ihr viele Frauen auf die Nonneninsel, um dort Monate oder Jahre zu verbringen. Drei von ihnen ordinierten als Nonne. Die ersten Frauen kamen aus Deutschland und halfen sehr beim Aufbau der Nonneninsel. Ein Ableger des Bodhi–Baumes, den die Ehrw. Saṅghamittā ca. 250 Jahre v.Chr. von Indien nach Sri Lanka gebracht hatte und der noch heute in Anuradhapura wächst, wurde auf der Nonneninsel eingepflanzt und entwickelte sich bald zu einem stattlichen Baum. Dieser Baum ist besonders in Sri Lanka ein Verehrungsobjekt, weil er eine lebendige Verbindung zum Buddha herstellt, der in seinem Schutz die Erleuchtung erlangte.

Ayya Khema begann zu dieser Zeit, die meditativen Vertiefungen zu lehren, nachdem ihr Lehrer die Korrektheit ihrer eigenen Meditation bestätigt hatte. Außerdem bat sie der Ehrw. Ñāṇarāma, diese Lehre in die Welt zu tragen, da es nach seiner Aussage »eine verlorengegangene Kunst ist, die dringend wieder zum Leben erweckt werden muß«. Zu der Zeit gab es niemanden in Sri Lanka und wohl kaum in der Welt, der die meditativen Vertiefungen in allen Einzelheiten und mit genauer Anweisung lehrte. Auch heute ist diese Kunst nicht sehr verbreitet, so daß Ayya Khemas Erklärungen weiterhin eine einzigartige Bereicherung des spirituellen Lebens darstellen.

Während dieser Zeit auf der Nonneninsel Parappuduwa zog sich Ayya Khema auch hin und wieder für längere Zeit in den Wald zurück und verbrachte einsame Monate auf einer Bananenplantage von Freunden, tief im Dschungel versteckt. Die Erkenntnisse und Ergebnisse dieser Meditationsmonate bestätigte ihr der Ehrw. Ñāṇarāma dann brieflich.

1988 erhielt sie die Ordination als *Bhikkhunī* (vollordinierte Nonne) im Hsi–Lai Tempel in Los Angeles in der traditionellen Art einer Einweihung, die von Mönchen und auch Nonnen durchgeführt wurde.

Leider wurde das landschaftlich herrliche Sri Lanka von schrecklichen Unruhen heimgesucht, wobei viele Menschen den Tod fanden. Schüler und Unterstützer der Nonneninsel trauten sich nicht mehr von Zuhause weg. Bombenanschläge waren an der Tagesordnung. Da es auch für westliche Frauen gefährlich schien, die Reise zur Nonneninsel anzutreten, entschloß sich Ayya Khema 1989, die Insel einem Komitee ihrer Schülerinnen zu übergeben, das auch heute noch die Leitung hat. Sie selbst war von ihren deutschen Schülern gebeten worden, ein Meditationszentrum in Deutschland zu leiten. So entstand das Buddha–Haus im Allgäu, in dem sie heute die meiste Zeit des Jahres verbringt. Zwei der auf Parappuduwa ordinierten Nonnen wollen jetzt die Leitung der Nonneninsel übernehmen, so daß dieser schöne Platz wieder eine Meditationsoase für Frauen sein kann.

Das erste Buch von Ayya Khema, »Be an Island unto yourself«, entstand aus Vorträgen, die sie jeden Abend auf der Nonneninsel gehalten hat. Inzwischen gibt es viele Bücher von ihr auf Deutsch und Englisch, die in der Bibliographie aufgeführt sind. Ihr erstes Auftreten im Fernsehen war in Sri Lanka, inzwischen war sie auch in England, Australien, Deutschland und Österreich zu sehen.

Seitdem sie 1989 nach Deutschland gekommen ist, hat sie es sich zur Aufgabe gemacht, den Dialog mit anderen Religionen, vor allem dem Christentum, zu führen. Sie hat z.B. in Salzburg beim Katholischen Bildungswerk einen Vortrag gegeben und wurde auch nach Würzburg in ein Benediktiner–Kloster eingeladen. Es ist ihre Hoffnung, daß sich noch weitere solcher Gelegenheiten ergeben werden.

Sie lehrt weiter in U.S.A., Australien und England, aber viele Einladungen werden jetzt auch schon von ihren Schülern und Schülerinnen übernommen, was Ayya Khema seit einigen Jahren angestrebt hat.

Im Februar 1993 mußte sich Ayya Khema einer schweren Krebs–Operation unterziehen, von der sie sich sehr gut erholt hat. Trotzdem wird sie nun ihre Kräfte und Energien sorgsam einsetzen, so daß sie sich mehr zurückziehen wird, um an ihren Büchern zu arbeiten.

Die Ehrw. Ayya Khema in ihrer Kuti
auf Parappuduwa, Nuns–Island 1987

Mit den besten Wünschen

von Genro Koudela, Osho
(Präsident der Österreichischen Buddhistischen Religionsgesellschaft)

Ayya Khema weiß, wovon sie spricht, wenn sie den Dhamma lehrt. Leider hatte ich nur einmal die Gelegenheit, Ayya Khema in einem öffentlichen Vortrag »live« zu hören, aber ich kenne ihre Lehrvorträge aus Büchern, die sie nicht »schreibt«, sondern einfach redet. Sie weiß, worum es geht (Mensch–Sein) und hat die Begabung (*upaya*) die Lehre unserer westlichen Mentalität entsprechend, in einer sehr direkten und einfachen Sprache zu vermitteln. Meiner Ansicht nach kommt ihr dabei ihre jüdische Herkunft aus Berlin sehr zur Hilfe. Ich selbst habe durch ihre Vorträge viel profitiert, da mein Training und meine Ausbildung im Zen–Buddhismus war, wo das Verständnis des *Theravāda* zu kurz kam. Ihre lockere Art zu lehren, dient mir auch als Beispiel, wenn ich Vorträge halte. Mit Ayya Khemas Entschluß, sich in Deutschland niederzulassen, ist uns allen, die der Lehre des Buddhas folgen, ein beachtlicher Schatz in den Schoß gefallen.

Vor einigen Monaten hat uns ihr Gesundheitszustand sehr betroffen gemacht. Ich glaube im Namen aller zu sprechen, die sie kennen und schätzen, meine Freude über ihre Genesung auszusprechen. Wir freuen uns und sind dankbar, daß Du, liebe Ayya, wieder die »Alte« bist, wenngleich Du auch ein wenig die »Bremsen« anziehen mußt. Mit dem Siebziger auf dem Buckel darfst Du beruhigt leiser treten und mehr vom Buddha–Haus, im schönen Allgäu, Dein Licht über alle Grenzen hinaus leuchten lassen.

Mit den besten Wünschen für eine gute Gesundheit und ein langes Leben und, wenn möglich, mit noch vielen veröffentlichten Lehrreden.

Der Ehrw. Genro Koudela Osho und die Ehrw. Ayya Khema bei der Eröffnung des Buddha–Hauses 1989

Zum 70. Geburtstag meiner Dharma-schwester, der Ehrw. Ayya Khema

von *Bhiksunī* Jampa Tsedroen

Das erste Mal begegnete ich der Ehrw. Ayya Khema nicht, wie man vermuten würde, in Hamburg in der Buddhistischen Gesellschaft oder sonstwo in Deutschland bei einem ihrer zahlreichen Vorträge, sondern 1987 in Bodh-Gayā, dem indischen Geburtsort des Buddha Sākyamuni, anläßlich der 1. Internationalen Konferenz buddhistischer Nonnen.

Gehört hatten wir beide schon voneinander, und es wird letztlich niemanden überraschen zu erfahren, daß wir uns mitten bei der Arbeit, bei den letzten Vorbereitungen zur Konferenz, kennenlernten, bemüht, in letzter Minute das bei solchen Veranstaltungen hinter den Kulissen herrschende Chaos mit deutscher Gründlichkeit einigermaßen zu ordnen.

Trotzdem mußten wir lachen, uns gerade unter diesen Umständen kennenzulernen, nachdem in Hamburg zahlreiche Versuche von Außenstehenden, uns zusammenzubringen, gescheitert waren. Ich glaube, sagen zu dürfen, daß wir beide erleichtert waren, festzustellen, daß es sich bei unserem Gegenüber um jemand »Bodenständigen« handelte und wir uns auf Anhieb sympathisch waren.

Aber es war nicht nur die Dharmafreundin in ihr, die mich beeindruckte. Ayya Khema folgte auch eine große Gruppe von singhalesischen »Anhängern« – vorwiegend Frauen, aber auch Herr Abhaya Weerakoon, Bevollmächtigter für buddhistische Angelegenheiten in Sri Lanka. Mir wurde bald klar, daß Ayya Khema auch unter asiatischen Buddhisten großes Ansehen als Lehrerin des Buddhismus genießt, was sicher nicht einfach zu erlangen ist.

Durch unsere gemeinsamen Freundinnen, die Ehrw. Karma Lekshe Tsomo, Hauptorganisatorin der Konferenz, und Dr. Chatsumarn Kabilsingh, Herausgeberin des *Newsletters for Information of Buddhist Women* (N.I.B.W.A.), sollten wir uns in den nächsten zwei Wochen der Konferenz und der anschließenden Pilgerreise zu den acht wichtigsten buddhistischen Stätten auch außerhalb des offiziellen Programms noch besser kennenlernen.

Bodh–Gāya 1987: Erste int. Konferenz der buddhistischen Nonnen mit dem Dalai Lama als Schirmherr.

So begegneten wir uns zum Beispiel bei einer Audienz mit Seiner Heiligkeit dem Dalai Lama, aber auch beim Einkauf des einzigen indischen Käses auf dem Bazar und bei der Redigierung einer Verfassung für die neuzugründende buddhistische Frauenorganisation *Sakyadhītā.*

Obwohl wir eigentlich beide nicht besonders erpicht darauf waren, »noch einen Verein« zu gründen, fanden wir uns am Ende der Konferenz unverhofft im Vorstand wieder, und so blieben wir die letzten sechs Jahre immer in Kontakt, auch wenn uns dafür aufgrund unserer vielen Dharma–Aktivitäten nicht besonders viel Zeit blieb. Am wenigsten sehen wir uns in Deutschland.

Das zweite Mal begegneten wir uns für etwas länger 1988 im Hsi–Lai Tempel in Los Angeles. Ayya hatte trotz fortgeschrittenen Alters dort die »Strapazen« einer Ordination zur vollordinierten Nonne auf sich genommen. Mit großer Geduld mischte sie sich neben Dhammawati, einer Lehrerin der burmesischen Tradition aus Nepal, noch einmal unter die vielen Novizen, um, wie ich 1985 in Taiwan, dort das in ihrer eigenen Tradition ausgestorbene Gelübde der *Bhiksunī* abzulegen.

Damit war ein Meilenstein gesetzt. Für Nonnen wie mich, die wir aus der tibetischen *Māhāyana*–Tradition stammen, ist es leichter, Ordination in einem chinesischen *Māhāyana*–Kloster zu nehmen, aber für eine *Theravāda*–Nonne, noch dazu eine so bekannte, gehört viel Mut dazu. Zwar handelt es sich bei dem Nonnen–Gelübde nicht um ein *Māhāyana*–Gelübde, sondern um ein Gelübde der *Dharmagupta*–Schule, die nach unserem Sprachgebrauch genauso wie die *Theravāda*–Schule einer der 18 *Vaibhasika*–Schulen zuzuordnen ist, und im Jahre 433 n.Chr. von der *Bhikkhunī* Devasara und elf anderen *Therīs* von Sri Lanka nach China überliefert wurde, aber diese Feinheiten wissen bisher die wenigsten zu unterscheiden. Und so wird es in Sri Lanka natürlich nicht von allen Religionsvertretern gern gesehen, wenn eine *Theravāda*–Nonne in einem *Māhāyana*–Kloster Ordination nimmt. Die Bedeutsamkeit dieses Schrittes wird uns erst noch in den kommenden Jahren deutlich werden.

Neben zwei kurzen Begegnungen in Hamburg trafen wir uns das letzte Mal in Bangkok bei der 2. Internationalen Konferenz buddhistischer Frauen, wo wir Tür an Tür wohnten und somit leicht Gelegenheit für einen Gedankenaustausch fanden.

Die nächste Begegnung hätte nun eigentlich in Colombo stattfinden sollen. Ich bedaure es sehr, daß Ayya Khema aus gesundheitlichen Gründen gerade auf dieser Konferenz fehlen muß. Aber ich bin sicher, daß ihr Geist und ihre Worte uns auf der Konferenz begleiten und das Schicksal der singhalesischen Frauen mitbestimmen werden.

Ayya Khema ist eine Wegbereiterin für die Wiederbelebung des buddhistischen Nonnenordens in der *Theravāda*–Tradition und außerdem für viele Frauen – ob Nonnen oder Laienanhängerinnen – in ihrer Eigenschaft als Dharma–Praktizierende und Lehrerin des Buddhismus ein lebendiges Vorbild.

Trotz der mangelnden Ausbildungsmöglichkeiten für buddhistische Frauen in Sri Lanka und in anderen buddhistischen Ländern ist es ihr gelungen, vielen Menschen den Dharma nahezubringen und dadurch auch als Nonne große gesellschaftliche Anerkennung zu finden. Diese Form der Anerkennung – als Ausdruck des Nutzens, den viele Menschen aus ihrer Präsentation der buddhistischen Lehre ziehen – ist wichtiger als jede formale Anerkennung im Sinne buddhistischen Ordenrechts.

Ich freue mich, anläßlich des 70. Geburtstages von Ayya Khema, die Möglichkeit zu haben, ihr an dieser Stelle stellvertretend für alle buddhistischen Frauen meinen Dank für ihr bisheriges Wirken auszusprechen. Hierbei seien besonders die Errichtung des International Buddhist Women's Centre als Trainingszentrum für singhalesische Nonnen und die Parappuduwa Nonnen–Insel erwähnt, wo auch westliche Frauen sich zur Praxis zurückziehen können.

Möge Ayya Khema zu ihrem eigenen Wohl und zum Wohl ihrer Schülerinnen und Schüler noch ein langes Leben beschieden sein!

Hamburg, im Mai 1993

* * *

Zu einem runden Geburtstag

von Dr. Hellmuth Hecker

Es war Ende der Fünfziger Jahre: da fand ich auf meinem Schreibtisch des Universitätsinstituts, an dem ich arbeitete, eine dicke Gerichtsakte mit dem Auftrag für ein Gutachten. Es ging dabei um Entschädigungsansprüche jüdischer Flüchtlinge, die im Zweiten Weltkrieg in Schanghai von der japanischen Besatzungsmacht in einer Art Konzentrationslager interniert worden waren. Die Haftentschädigung hing ab von völkerrechtlichen und staatsangehörigkeitsrechtlichen Fragen nach § 43 BEG. Das war ein »interessanter Fall«! Aber sonst ging es mich ja nichts an, oder…?

Damals hatte ich keine Ahnung, daß in Schanghai Anfang der Vierziger Jahre einige Mitteleuropäer lebten, die im deutschen Buddhismus eine bemerkenswerte Rolle gespielt hatten oder spielen sollten. Da war ein ungarischer Jude, der nach höchst aufregendem Abenteuerleben als *Māhāyana*-Mönch in China die höchste Wahrheit gesucht hatte: Ignaz Trebitsch. Er hatte 1933 in Berlin durch mitreißende Vorträge Martin Steinke vom *Theravāda* zum Zen geführt und 1934 ein Dutzend europäische Buddhisten und Buddhistinnen mit nach Schanghai genommen, wo er 1943 diese Welt verließ. Da war ein Wiener, der mit seinen Eltern in Schanghai interniert wurde: Fritz Hungerleider. Er war später lange Jahre Präsident der Buddhistischen Gesellschaft Wien und der erste, der in Deutschland Zen–Seminare abhielt. Und da war ein jüdisches Ehepaar aus Berlin mit ihrer jungen Tochter, die als Flüchtlinge vor den Nazis in Schanghai Zuflucht gefunden hatten und ebenfalls dort von den Japanern als lästige Ausländer hinter Stacheldraht gesetzt worden waren. Die Tochter hieß Ilse Kussel, heute Ayya Khema. Während ihr Vater, wie viele andere, in dem Lager starb, überlebte sie und wurde nach der Kapitulation Japans im August 1945 von den Amerikanern aus der Haft befreit.

So ging es mich und uns deutsche Buddhisten sehr wohl etwas an, daß sie in jenen Tagen zu denen gehörte, die sagen konnte: »Wir sind noch einmal davongekommen.« Wären wir wirklich so gewaltlos, wie wir uns gern einbilden, dann würden wir nicht um uns so viel Gewalt erleben, sondern uns eine Wiedergeburt in einer Welt ohne Weltlinge erwirkt haben.

Ayya Khema ist, wie auch ich, 1923 geboren, im Jahre der Inflation, der Abwertung aller Werte, des Zusammenbruchs der sozialen Struktur als Folge des nur 5 Jahre zurückliegenden Ersten Weltkrieges. Und wir haben in den 70 Jahren seitdem all das Unheil erlebt, dessen Überwindung und Heilung der Buddha lehrt und zwar durch das Erwachen aus dem Traum von Gier, Haß und Verblendung.

Nach dem Zweiten Weltkrieg war Paul Debes etwa 40 Jahre lang in Deutschland der einflußreichste und aktivste Lehrer des *Theravāda*–Buddhismus. Als er in den Achtziger Jahren aus Altersgründen seine öffentliche Lehrtätigkeit einstellte (sein letztes Lehrseminar fand z.B. im Sommer 1983 statt), da trat Ayya Khema als Lehrerin der ursprünglichen Buddha–Lehre in Deutschland auf, und sie fand bei den nach dem Sinn des Lebens suchenden Menschen ähnlich weite Resonanz wie Debes. So können wir uns glücklich schätzen, daß wieder jemand da ist, der die Lehrreden des *Pāli*–Kanons den Menschen nahebringt und sie zu einem Leben in Tugend, Vertiefung und Weisheit anleitet.

Aber auch noch in anderer Hinsicht setzt Ayya Khema die Tradition des *Theravāda*–Buddhismus in Deutschland fort, nämlich in der Linie Nyānatilokas. Schon äußerlich zeigen sich überraschende Parallelen im Schicksal. Er wurde im Ersten Weltkrieg in Hankau interniert, nachdem China 1917 dem Reich den Krieg erklärt hatte. Sie wurde im Zweiten Weltkrieg in Hongkew, einem Stadtteil Schanghais interniert, nachdem Japan 1941 in den Krieg eingetreten war. Er war von Neusüdwales, wo er als deutscher Mönch 2 Jahre im »Concentration Camp« Trial Bay interniert worden war, nach China gekommen. Sie lebte später, nachdem sie China verlassen hatte, als Buddhistin länger in Neusüdwales bei Sydney. Er gründete 1911 die Island Hermitage auf der Insel Polgasduwa im Ratgamasee (Sri Lanka); sie gründete 1984 auf der Nachbarinsel Parappuduwa ein Nonnenkloster.

Ayya Khema hat es sich zur Aufgabe gemacht, den Nachlaß Nyānatilokas herauszugeben. Als erstes Werk erschien 1992 dessen Übersetzung der Vers–Sammlung Dhammapada, und zwar als die erste bilinguale *Pāli*–deutsche Ausgabe eines Werks aus dem Korb der Lehrreden (*Suttapiṭaka*). Es ist die 12. deutsche Übersetzung des Dhammapada. Da liegt die Frage nahe: genügten nicht die 11 Übersetzungen? Abgesehen von dem sehr nützlichen Abdruck des *Pāli*–Textes und der Erläuterungen hat die Übertragung Nyānatilokas durchaus ihren Eigenwert. Wenn mir persönlich auch die Übersetzung Karl Eugen Neumanns am nächsten steht, so würde ich gleich danach immer die von Nyānatiloka nennen. Beide sind künstlerisch inspiriert, dokumentieren aber unterschiedliche Denkweisen, so daß sie sich gut ergänzen.

Als Lehrerin hat Ayya Khema noch zu jemand anderem eine Beziehung, nämlich zu einer christlichen Nonne, zur Heiligen Teresa von Avila. Beide sind Gründerinnen: Teresa gründete mehr als ein Dutzend Nonnenklöster in Spanien. Ayya Khema gründete religiöse Zentren des Buddhismus in drei Kontinenten: in Australien, in Colombo, auf Parappuduwa und in Deutschland im Allgäu. Und so wie Teresa den Orden der Karmeliterinnen wieder belebte, so trug Ayya Khema wesentlich dazu bei, die im *Theravāda* seit Jahrhunderten abgerissene Tradition der *Bhikkhunī–Sangha* wieder zu beleben. Ebenso wie Teresa sich bemühte, den Menschen des Barock meditatives Leben leicht faßlich darzustellen, so bemüht sich Ayya Khema, den Menschen des technischen Zeitalters mit seiner verwirrenden Kompliziertheit die Praxis buddhistischer Nachfolge so einfach wie möglich nahe zu bringen. Im Grunde ist die Lehre ja auch einfach – nur wir sind geistig so kompliziert.

Ich möchte nicht ohne einige persönliche Bemerkungen schließen: Zwei Jahre lang (1987–1989) hatte ich die Gelegenheit in der Buddhistischen Gesellschaft Hamburg (BGH) wöchentlich einen Kassettenkreis zu betreuen. Da wurde eine Stunde lang ein Vortrag von Ayya Khema angehört und danach war eine Stunde Gespräch dazu. Das erwies sich als recht fruchtbar und wäre zur Nachahmung zu empfehlen.

Zu meiner Freude konnte meine 1987 mit 91 Jahren gestorbene Mutter noch in Hamburg verschiedene Vorträge von Ayya Khema hören und war von ihrer erfrischenden Unmittelbarkeit sichtlich beeindruckt und inspiriert. Ferner hatte ich die Freude, daß meine Frau durch ein Wochenendseminar von ihr in der BGH zu vertiefter Meditation angeregt und durch ihre Bücher weiter gefördert wurde.

Mir selber hat sich ganz besonders Ayya Khemas Beschreibung vom Geist eingeprägt, der ununterbrochen Geschichten erzählt und daher nicht zur Ruhe kommt.

Wegweiserin Ayya Khema

von Dr. Martin M. Schönberger
(ein Schüler)

In tiefer Dankbarkeit und Mitfreude über den 70. Geburtstag der großen Lehrerin Ayya Khema, von ihrer Verwirklichung der Lehre Buddhas sowohl als persönliche Erfahrung wie auch von ihrer Erdteile übergreifenden Aktivität als erfolgreiche Lehrerin für die Menschheit tief beeindruckt wünsche ich ihr Glück und Gesundheit zum Segen der Menschheit. Möge ihre großmütterliche Güte noch vielen zum Heile sein!

Vielleicht wird ihre Bedeutung aus meiner Sicht als Psychotherapeut und Schriftsteller deutlich durch folgende Veröffentlichungen:

In meiner »Psychoanalyse für die buddhistische Meditation« beschrieb ich diese Hindernisse als Verlust der frühkindlichen Einheit (Kontinuum) mit der liebevollen mütterlichen Basis. In meinem Polaritätsbuch deutete ich die tiefe Verdüsterung der Menschheit durch die uns alle wie den Einzelnen betreffende Spaltung der Menschen in Männer– und Frauengruppen mit oft extremer (Islam, Hindu) Unterdrückung der Frauen, der Mütter. Deren Frust und Trauer wird dann auf die Kinder übertragen. Aber auch die radikale Zuwendung zur Außenwelt wird dadurch zementiert. Die Innenwelt, die weiblich–mütterliche Sicht wird weitgehend verdrängt, zur nebulösen Glaubenssache der Religionen, die ferne Welt der Ideen Platos. Diese menschliche Spaltung ist wohl die tiefste Wurzel des Mißerfolgs spiritueller Bemühung.

Nach vielen Jahren Übung bei vielen Meditationslehrern erfuhr ich ganz unerwartet erst das konkrete Erlebnis der »Vertiefungen« – im frühen Buddhismus wohl selbstverständlich vorausgesetzt. Es scheint doch, daß dieser von meiner jetztigen Lehrerin weltweit gelehrte, von vielen Schülern realisierte »pragmatische« Aspekt anderweitig nur als Ziel, als blasse Theorie gelehrt und eben nicht konkret erlebt wird.

Ebenso deutlich wird von nun an, daß dieses erst flüchtig aufblitzende, später dauerhafte Erleben eigentlich erst den Beginn des spirituellen Weges darstellt – alle bisherige Bemühung ein Tasten des Schlüssels zum Schloß. Erst jetzt öffnet sich die Tür zum Inneren. Diese von Ayya Khema präzis beschriebenen 8 »Räume« – in der ebenfalls pragmatischen Mystik der Teresa von Avila sind es die 7 Gemächer der »Seelenburg« – lehrt Ayya Khema zu erleben, aber auch in weiterer täglicher Arbeit zu »reinigen«, zu befreien von Hindernissen, so wie wir uns der Außenwelt täglich viele Stunden zuwenden (Beruf, Wohnung, Nahrung, Kleidung, Auto).

Erst durch gründlichen Abbau aller patriarchalen Machtansprüche und Rückkehr zur vollen polar–gleichgewichtigen Menschenwürde ist Realisierung der glückseligen Vertiefungen möglich. Kein Zufall also, daß eine Frau hier Wegweiserin wird, die in jeder Meditation Güte, mütterliche Verbundenheit (*Mettā*) repräsentiert und lehrt. Dann wird Freude, Glück, Heiterkeit nicht nur bei der Meditation sondern auch im alltäglichen Leben gewonnen. Das Lächeln der Mutter – Vorläufer des Lächelns des Buddha?

Auszug aus »Die tiefsten Wurzeln der Hindernisse«

In Dankbarkeit

von Friedl Nagy
(eine Schülerin)

Unsere verehrte und geliebte Lehrerin Ayya Khema vollendet im August 1993 ihr 70.Lebensjahr und wir, ihre Schüler/innen und Anhänger/innen können hier nicht einfach gratulieren. Gratulieren und beglückwünschen müssen wir vielmehr uns dafür, daß wir sie erfahren dürfen. Ihr aber wünschen wir das ganz tief innere Glück und den Frieden, die von keinen äußeren Umständen abhängen, sondern die Frucht des eigenen Wirkens auf dem spirituellen Wege sind. Körperliches Wohlergehen und Lebenskraft, das wünschen wir ihr – und damit auch uns – selbstverständlich auch als eine wichtige Voraussetzung für ihre so heilsame Lehrtätigkeit.

Es ist ein großes Glück für alle, die für die Lehre des Buddha aufgeschlossen sind oder sich schon ernsthaft und gründlich mit ihr beschäftigt haben, daß es mit Ayya Khema im deutschsprachigen Raum eine Lehrerin gibt, die klar, verständlich, lebendig und weise den Dhamma darlegen, erläutern, vertiefen und für unsere Zeit und unsere Verständnisfähigkeit kommentieren kann und die darüberhinaus die Verbindung zur Praxis herstellt und führt, ohne die alles graue Theorie bleiben müßte. Eine tiefe Dankbarkeit erfüllt mich persönlich, wenn ich daran denke, wie viele Jahre ich herumgehört und –gesucht habe, um über das »Bücherlesen« hinaus eben diese lebendige Führung zu finden, und ich denke dabei oft daran, wie Ānanda zum Buddha sagte: „Herr, ein guter Freund ist das halbe spirituelle Leben," und der Buddha antwortete: „Sage das nicht, Ānanda, ein guter Freund ist das ganze spirituelle Leben."

Die Lehre des Buddha im Alltag zu verwirklichen, ist schon im Versuch die beste und umfassendste Lebenshilfe. Dabei immer wieder aufgefangen zu werden, wenn es nicht so gelingt und neu ermutigt zu werden zum Weitermachen, dazu braucht es eine Lehrerin/Freundin wie Ayya Khema es für uns ist.

In Liebe und Dankbarkeit wünschen wir ihr die Kraft, ihr für sie selbst und für uns alle heilsames Wirken noch lange weiterführen zu können.

Meditations– und Studientag im Buddha–Haus Mai 1989

Ayya Clean Clear

von Sylvia Wetzel
(Sprecherin der deutschen Buddhistischen Union)

Das erste Mal sprach ich längere Zeit mit Ayya Khema in einem indischen Bus, eingeklemmt direkt hinter dem Fahrersitz. Wir befanden uns auf einer Pilgerreise mit etwa 70 Frauen von Bodh–Gayā nach Sarnath, im Anschluß an die 1.Internationale Konferenz über buddhistische Nonnen im Februar 1987 in Bodh–Gayā. Ayya Khema war eine der drei Organisatorinnen der Konferenz. Unsere Unterhaltung handelte von der Lehrtätigkeit. Ayya Khema erklärte mir ihren Standpunkt: »Ich sehe meine Aufgabe darin, Menschen auf dem geistigen Weg zu begleiten, sie Konzentration, Ruhe und Einsicht zu lehren, und nicht mit ihnen über psychologische, philosophische oder politische Probleme zu diskutieren. Das kann ich weder inhaltlich noch zeitlich leisten.«

Das zweite Mal begegneten wir uns zwei Jahre später im Buddha–Haus im Allgäu. Anläßlich der Einweihung im Juni 1989 sollte ich als Sprecherin der Deutschen Buddhistischen Union ein paar Worte sagen. Ich wünschte dem Verein, dem Hausteam und denen, die dieses Haus nutzen, ein Buddha–Haus, das auch inhaltlich dort steht, wo es sich in Zeit und Raum befindet, im Westen am Ende des 20.Jahrhunderts. Ein Buddha–Haus, das die Menschen dort abholt, wo sie stehen, im weltlichen, tätigen Leben, in Familie, Gesellschaft und Beruf. Das mit ihnen zusammen an der Gestaltung eines westlichen Buddhismus arbeitet, in den alle diese Elemente eingehen.

Vier Monate später war Ayya als Vertreterin des *Pāli*–Buddhismus beim DBU–Konvent in Wachendorf und erläuterte dort den Weg zur Befreiung in ihrer Tradition. Abends interviewte ich sie zum Thema »Frauen im Buddhismus«. Wieder faßte Ayya ihre Haltung klar und präzise in einem Satz zusammen: »Den Frauen mehr Gewicht zu verleihen, sie sichtbarer zu machen, dieses Ungleichgewicht zwischen Frauen und Männern auszugleichen, das müssen die Frauen selber machen. Das tut keiner für uns.«

Etwas später begann ich Kurse bei Ayya zu besuchen. Dort lernte ich Ayya kennen, wie sie leibt und lebt. Sie benennt deutlich die Bereiche, in denen sie arbeitet, die Methoden und Inhalte, die sie klar, alltags– und praxisbezogen lehren kann und möchte. Ebenso klar benennt sie die Bereiche, zu denen sie entweder wenig Bezug hat oder die keine Priorität für sie haben. Und bleibt doch offen für Personen, die mit diesen Bereichen arbeiten, die anders lehren und leben als sie. Für mich ist sie Ayya Clean Clear. Kraftvoll, klar, direkt. Anfangs mußte ich tief durchatmen, wenn sie ein Problem in ihrer direkten und offenen Sprache sehr anders interpretierte als ich und auch andere Lösungswege vorschlug. Nachdem ich sie ein paar Mal erlebt hatte, lernte ich ihre Art akzeptieren und schätzen.

Eine starke Persönlichkeit, die viele, viele Menschen wirkungsvoll zu tiefer Konzentration, Ruhe und *sukha*, meditativer Freude, hinführen kann und sehr alltagsbezogen Einsichten in die Mechanismen der drei Daseinsmerkmale Leidhaftigkeit, Unbeständigkeit und Substanzlosigkeit anregt.

* * *

Getragen von Wissen und Liebe

von Dorothea Wettengel
(Zweite Vorsitzende des Buddha–Haus e.V.)

Begegnet bin ich Ayya Khema – genaugenommen ihrer Stimme vom Tonband – im Frühjahr 1988. Meditiert hatte ich bereits längere Zeit und auch an *Vipassanā*–Retreats teilgenommen, aber einen guten Lehrer oder Lehrerin kannte ich damals leider noch nicht. Mein Freund und jetziger Ehemann Joachim war seit 1983 Schüler von Ayya Khema und empfahl mir, meine Meditationspraxis zu erweitern. Dazu lieh er mir die Kassettenvorträge seiner Lehrerin, die die Lehre des Buddha und die Vertiefungen der Meditation besonders gut und verständlich erläuterten. Beim Zuhören erfuhr ich mehrere »Aha–Erlebnisse«. So klar, so deutlich und strukturiert hatte ich noch nie jemanden über die Meditation und das Dhamma reden gehört. Endlich bekam ich eine Ahnung, warum ich mich oft so erholt und erfrischt nach den Phasen des Sitzens fühlte und vor allem, wie ich diese Erlebnisse einordnen, wiederholen und sogar noch vertiefen konnte. Auch die praktischen Empfehlungen für die Verankerung der Meditation im Alltag bereicherten mein Leben sehr. Ich richtete mir einen festen Meditationsplatz ein, der mich immer wieder zum Üben einlud.

Langsam zeigten sich die ersten Früchte des Praktizierens des Dhammas. Es schien mir alles in der Welt in Verbindung zu sein, die Dinge wie miteinander verwoben und irgendwie mit mehr Sinn versehen.

Natürlich wollte ich die Frau, der ich diese Wandlung zu verdanken hatte, möglichst schnell persönlich kennenlernen. Die Gelegenheit fand sich im Sommer 1988, als ich an einem

10–Tage–Kurs mit Ayya Khema im »Haus der Stille« in Roseburg teilnahm. Damals schon wußte ich: »dieser Frau kannst du vertrauen«, und ich war unendlich froh, einen Menschen gefunden zu haben, der mir Hilfestellung und Führung auf meinem spirituellen Weg geben konnte. Ayya Khema beeindruckte mich immer wieder durch ihre Klarheit, die nicht streng war, sondern getragen von Wissen und Liebe.

Bis heute bin ich unzählige kleine Schritte gegangen, die mein Leben sehr verändert und mir viel Frieden und Versöhnung geschenkt haben. Ayya Khema begleitet meinen Weg mit Ermutigung, Bestätigung, und sie rückt auch manches Mal verdrehte Ansichten ins rechte Licht.

Heute habe ich meine Arbeit – die Bewegungstherapie – mit meinem Erleben aus der Meditation verbunden und oft fragen mich Patienten, woher ich die Kraft für meine Aufgabe nehme. Es ist die Kraft des meditierenden Herzens, des Mitgefühls und die Gelassenheit, die durch das Wissen um die Vergänglichkeit aller Dinge kommt.

Die Lehre des Buddha hat in meinem Leben tiefe Wurzeln geschlagen, und mein ganz besonderer Dank gilt meiner Lehrerin Ayya Khema, die unermüdlich fortfährt, das Dhamma zu erklären und mit ihrem Herzen zu lehren.

Herzlichen Glückwunsch zum 70. Geburtstag.

* * *

Dukkha als unser Lehrmeister

Einleitung

Was Ayya Khema in diesem Vortrag erklärt, hört sich ganz einfach an. Es ist aber die schlüssige Lösung der menschlichen Problematik, die das Genie des Buddha enthüllt hat. Suchen wir nach einem Weg, der zur Freiheit und zum Frieden führt, dann kann die Lehre des Buddha wie eine Offenbarung sein, und wir werden uns wundern, warum wir nicht selber darauf gekommen sind, es so zu sehen und zu verstehen. Das Dhamma kann dann wie ein Rettungsanker sein.

Ich danke Ayya Khema von Herzen, daß sie sich dem Dhamma zur Verfügung gestellt und wie ein Sprachrohr unserer Zeit die mehr als 2500 Jahre alte Lehre des Buddha mit neuer Frische und Kraft belebt hat.

Gudrun Heidecke

Ein Vortrag von Ayya Khema

Die Vergänglichkeit manifestiert sich überall, auch in uns selber. Das zweite Daseinsmerkmal, Dukkha, (die Unzulänglichkeit, die Unerfülltheit, das Nichtzufriedenstellende) zeigt sich auch überall, und im allgemeinen halten wir Dukkha für etwas störend. Wir haben Reaktionsmuster, mit denen wir ihm begegnen. Das erste und beliebteste ist, daß wir jemand dafür verantwortlich machen, irgend jemand hat Schuld, daß wir jetzt nicht zufrieden sind, daß etwas geschieht, das uns nicht angenehm ist. Da es in der Welt so viele Menschen, Geschehnisse und Ereignisse gibt, ist es ganz einfach, immer einen Sündenbock zu finden. Wenn wir eines Tages mit dem Praktizieren anfangen, dann wird uns klar, daß diese Methode weder funktioniert, noch einen Sinn hat.

Dann haben wir immer noch andere Möglichkeiten, damit umzugehen, die auch alle recht beliebt sind. Eine davon ist, sich so schnell wie möglich räumlich von dem Unangenehmen zu entfernen. Wenn wir z.B. jemand kennenlernen, der uns nicht gefällt, wollen wir mit dem Menschen nichts zu tun haben, denken überhaupt nicht weiter darüber nach, was dahinterstecken könnte, sondern wollen einfach weg. Da die Welt aber voll ist mit Dingen, die uns nicht gefallen – die überall gegenwärtige Vergänglichkeit gefällt uns ja auch nicht – so nehmen wir ständig eine Fluchthaltung ein. Diese Fluchthaltung ist immer mit Angst verbunden und nie mit innerem Frieden. Wenn wir auf der Flucht sind, müssen wir Angst haben. Diese Ängstlichkeit, die in jedem Menschen steckt, ist immer auf die Existenzangst zurückzuführen. Einmal haben wir Angst, daß das, was wir unbedingt festhalten wollen, wohl zerbrechen wird. Zweitens wollen wir vor dem, was uns nicht gefällt, die Flucht ergreifen, indem wir uns körperlich entfernen, oder wir können uns auch ablenken. Das ist eine andere Art von Flucht. Die Ablenkungsmanöver, die wir zur Verfügung haben, sind unzählige. Allein die Bücher, die uns davon ablenken, was wirklich in uns vorgeht, sind nicht mehr zu zählen. Das ist nur ein einziges Beispiel, wir haben dann noch Radio, Fernsehen, Telefon und vor allen Dingen das allerbeliebteste Ablenkungsmanöver: sich zu unterhalten. Das kostet überhaupt nichts und ist immer möglich. Es ist die einfachste Möglichkeit, nicht feststellen zu müssen, daß Dukkha in uns sitzt und überhaupt nichts mit den Dingen um uns herum zu tun hat.

Wenn wir zur Ruhe kommen, dann merken wir vielleicht in uns ein Gefühl der Unerfülltheit oder eine innere Bewegung, die sich äußern will. Was machen wir damit? Statt es zu untersuchen und kennenzulernen, versuchen wir äußerlich etwas zu finden, daß diese innere Leere erfüllen soll, d.h. wir geben unserer Unruhe und Rastlosigkeit nach. Wir haben immer diese Möglichkeiten und ergreifen sie auch, um nicht in uns hineinschauen zu müssen. Da im täglichen Leben alles ziemlich schnell abläuft, und wir häufig Verpflichtungen haben, denen wir nachkommen müssen, so ist der Geist ständig in Aufruhr. So wie es ist, gefällt es ihm nicht, aber er hat keine Zeit, den Grund dafür herauszufinden, und so muß er etwas unternehmen, um schnell davon wegzukommen. Andere Menschen haben genauso viel Dukkha wie wir selber. Es ist vollkommen nutzlos, sie zu beschuldigen. Die politischen Systeme anzuklagen, ist auch sinnlos.

Als der Buddha noch der Prinz Siddhartha war, hat er eines Tages von dem Palast aus eine Ausfahrt gemacht. Dabei sah er einen sehr alten, gebrechlichen Menschen, einen sehr kranken Menschen und einen Toten. Bei dieser Gelegenheit hat er das unvermeidliche Leiden der Menschheit gesehen und statt sich schnell abzuwenden oder zu denken: »Wenn dieser Mann besser auf sich aufgepaßt hätte, wäre er nicht so krank geworden«, hat er den Entschluß gefaßt, die Ursache dieses Dukkhas zu entdecken und auch den Weg aus diesem Leid heraus. Da der Buddha die Ursache des Leids und den Weg heraus gefunden hat, brauchen wir nur noch den Anweisungen zu folgen. Da wir aber ständig mit

Dukkha beschäftigt sind, müssen wir auch ständig den Anweisungen folgen. Das ist natürlich leichter gesagt als getan.

Sechs Jahre zog sich der spätere Buddha in den Wald zurück, um zu praktizieren. Als er dann unter dem berühmten Bodhi–Baum im heutigen Bodh–Gayā saß und die Vertiefungen von der ersten zur achten und zurück von der achten zur ersten geübt hatte, beruhigte sich sein Geist vollkommen. Es ging ihm die Erkenntnis auf, was dieses Dukkha bedeutet und wie wir herauskommen können. Er formulierte dies in den vier Edlen Wahrheiten.

Die erste besagt, daß Dukkha existiert: das Unerfülltsein, die Unzufriedenheit, aber auch alle Schwierigkeiten des menschlichen Daseins, in dem Krankheit, Verfall und Tod unausweichlich sind. Sechs Jahre vorher hatte er das Dukkha richtig verinnerlicht und sich auf die Suche nach einem Ausweg gemacht.

Die zweite Edle Wahrheit sagt, daß es nur einen einzigen Grund für unser Dukkha gibt: die Begierde. Im allgemeinen verstehen wir darunter das Habenwollen (Gier) oder das Loswerdenwollen (Haß), doch »Begierde« ist noch tiefgreifender. Begierde heißt auf Pāli »*tanhā*« und ist im Prinzip »*bhava–tanhā*«, was Daseinstrieb oder Daseinsbegierde bedeutet, die im Grunde unser Dukkha ausmacht. Wir wollen nicht nur hier sein, sondern hier bleiben. Keiner soll uns erschießen, keiner soll uns körperlich oder emotional wehtun. Diese Begierde hat uns zur Geburt geführt und daher in der Folge zu Krankheit, Verfall und Tod. Denn was geboren wird, muß verfallen und sterben, anders ist es nicht möglich. Das ist selbstverständlich und klar, und dennoch hat es das spirituelle Genie des Buddha gebraucht, um uns zu zeigen, daß wir solange Dukkha haben, wie wir diese Daseinsbegierde haben und dadurch das Ich jeden Augenblick neu zur Geburt bringen. Erst wenn das nicht mehr geschieht, dann gibt es kein Dukkha mehr.

Diese Erklärung der Begierde, der Begierde des Ich–seins, des Hier–seins, können wir erleben, wenn wir auf uns aufpassen und nicht alles, was in uns und um uns herum geschieht für selbstverständlich halten; es soll angenehm für uns sein und wenn es unangenehm ist, soll es schnell wieder verschwinden. Solange wir mit diesen Ideen arbeiten, können wir nie die Wahrheit erkennen. Je mehr Angst wir haben, desto weniger können wir die Wahrheit erkennen, denn Angst paralysiert, in diesem Fall nicht den Körper, sondern den Geist. Alle Ängste sind darauf zurückzuführen, daß ich »sein« will, ich »hier sein« will und ich »hier bleiben« will. Jeder weiß, daß das ein vollkommen unrealistischer Wunsch ist, der nicht erfüllt werden kann. Jeder, der gelebt hat, ist gestorben. Jeder, der jetzt lebt, wird sterben. Der Wunsch sich mit dieser Begierde abzugeben, ist Zeit– und Energieverschwendung, ist selbstgeschaffenes Dukkha, und dennoch macht es jeder.

Es ist viel innere Arbeit nötig, um diese Begierde loszuwerden, aber dann werden wir auch alle Angst los. Die Angst ist recht stark, da die Vergänglichkeit unausweichlich ist, und jeder will sich daher irgendwie behaupten, bevor alles auseinanderfällt. Daher identifizieren wir uns mit allem: Frau, Mann, Mutter, Vater, Tochter, Sohn, klug, dumm, schön, häßlich, dick, dünn, reich, arm, usw. Je mehr wir »haben«, desto mehr glauben wir, wir könnten »sein«, da wir mehr Dinge zum Identifizieren haben. Wir glauben dann, daß wir Sicherheit gefunden haben. Jeder versucht so, dieser Angst etwas entgegenzuarbeiten. Wir wissen ganz genau, daß wir nie so bleiben können, wie wir jetzt sind. Diese Angst bringt uns auch häufig dazu, die absurdesten

Dinge zu tun, die uns im Nachhinein selber unverständlich sind. Manche Menschen bringt sie sogar dazu, Verbrechen zu begehen.

Nachdem der Buddha die Ursache für unser Dukkha gefunden hatte, hat er auch einen Weg heraus gezeigt. Die Ursache ist ein unrealistischer Wunsch, nämlich etwas haben zu wollen, was es nicht gibt. Es ist nicht nur ein Wunsch, nicht nur eine Begierde, sondern wir sind damit vollkommen durchsetzt. Wir brauchen uns nur einmal vorzustellen, wie wir reagieren würden, wenn uns jemand jetzt das Leben nehmen wollte. Wie würden wir reagieren, wenn uns jemand erzählt, daß wir dumm, häßlich und ekelhaft sind? Das paßt uns überhaupt nicht, da wir diese starke Begierde der Ich–Behauptung haben. Die stärkste Begierde ist der Überlebensdrang, aus dem auch das sexuelle Begehren hervorgeht und sich als Überleben der Art manifestiert.

Diese Begierden sind so stark und tief in uns verankert, daß wir sie gar nicht wahrnehmen, denn dazu müßten wir uns selber genau erkennen. Wir können uns nur in einem Spiegel sehen, aber im allgemeinen interessiert uns das gar nicht. Wir wollen nur recht sicher über die Runden kommen und gar nicht so genau wissen, wie wir aussehen. Es scheint uns nicht angenehm und außerdem etwas gefährlich zu sein, weil wir unterschwellig ganz genau wissen, daß durch das wirkliche Hinschauen und Erkennen all das, was wir bis jetzt geglaubt haben, wie ein Kartenhaus zusammenfallen wird. Wir haben so viele Jahre gebraucht, um dieses Kartenhaus recht hübsch aufzubauen, daher gefällt uns überhaupt nicht, dieses Gebilde jetzt zusammenstürzen zu lassen.

Wenn das Dukkha so stark ist, daß wir etwas unternehmen müssen, dann besteht die Möglichkeit, daß wir wirklich hinschauen. Dann hören wir einmal damit auf, andere verantwortlich zu machen oder uns, vielleicht durch Studium, mehr Wissen, durch viele Reisen, abzulenken. Erst wenn diese Ablenkungsmanöver nicht funktioniert haben, und Dukkha so unangenehm wird, daß irgend etwas geschehen muß, dann suchen wir einen Weg heraus. Nur wenige erkennen wirklich, daß auf der weltlichen Ebene kein Ausweg zu finden ist. Gelingt es uns, dies selbst zu erfahren, dann sehen wir in uns das ständige Sein–, Bleiben– und Werdenwollen. Es ist gar nicht genug, daß wir schon sind, nein, wir wollen auch noch etwas werden. Vielleicht wollen wir ein ganz erstklassiger Meditierender werden oder ein besonders weiser Dhammalehrer. Wir wollen irgend etwas werden. Es genügt nicht, etwas zu sein, wir wollen bleiben und werden.

Durch diese Begierden, die wir in uns spüren, üben wir natürlich Druck auf uns aus. Dieser Druck wird so zur Gewohnheit, daß wir gar nicht mehr wissen, wie es ohne ihn sein könnte. Weil uns dieser Druck immerzu irgendwo hintreibt, so wird es immer schwieriger zu erkennen, daß auf der weltlichen Ebene Dukkha immer bleiben wird, ganz egal wie nett wir es zeitweilig zu Hause haben. Alles liegt auf derselben Ebene des Sein–, Werden– und Bleibenwollens. Das ist der Ursprung und der Grund unseres Dukkha. Da es uns unmöglich ist, diese Wünsche zu erfüllen, kommen wir nicht eher aus dem Dukkha heraus, bis wir diese Wünsche aufgegeben haben. Haben wir diese Wünsche aufgegeben, so bedeutet das, daß wir die Welt durchschaut haben; dazu gehört allerdings viel Übung, um immer wieder zu erkennen, was in der Welt wirklich vor sich geht. Es bedeutet, daß wir die Welt als eine Manifestation im Universum erkennen, als eine Existenz, deren Materie aus Elementen besteht, und genauso dem Verfall untertan ist wie wir selber.

In der Natur, die oberflächlich so wunderhübsch ist, findet ein ständiger Kampf zwischen dem Stärkeren und dem Schwächeren statt, ein ewiger Krieg ums Überleben, um genug Nahrung zu finden. Bei uns ist es nicht anders. Wollen wir die Welt durchschauen? Im allgemeinen sagen wir: die wunderschönen Herbstfarben und solche schönen, schneebedeckten Berge, ... Aber was ist dahinter? Und genauso bei uns: hübsche Menschen, ganz intelligent, leben in einer wohlhabenden Gesellschaft, geht ihnen großartig. Wirklich? Stimmt das? Auf einer Ebene schon, aber auf der anderen? Geht es uns großartig? Wozu wollen wir dann meditieren? Damit es uns noch großartiger geht? Wollen wir uns wirklich einmal die Mühe machen, zu uns selber ehrlich zu sein, ganz ehrlich und niemanden dafür beschuldigen, daß wir nicht von morgens bis abends wunderbar friedlich und glücklich sind? Keiner ist Schuld daran. Nichts. Keine Ideologie, kein Partner, kein politisches System, kein Wetter. Wie geht es mir eigentlich? Wenn wir ehrlich zu uns sind, dann sehen wir, daß irgend etwas ständig nicht stimmt. Wir versuchen zwar, es stimmend zu machen, aber haben wir es je geschafft? Oberflächlich sieht vieles sehr schön aus, aber in allem steckt diese Begierde des Seins, des Bleibens, des Werdens, die niemals zu befriedigen ist. Wir können nicht bleiben und auch nichts werden. Es ist alles so, wie es ist.

Daher hat der Buddha, nachdem er die Ursache für Dukkha erklärt hat, gesagt, daß es die Möglichkeit der Erlösung davon gibt, nämlich *Nibbāna,* die dritte Edle Wahrheit. Der Weg dorthin ist die vierte Edle Wahrheit, der Edle Achtfache Pfad, der mit der rechten Ansicht anfängt und auch damit aufhört. Die rechte Ansicht oder die rechte Sicht ist eine ganz andere als wir haben. Wenn Geburt geschieht, ständige Geburt des Ichs in jedem Moment und der Körper geboren wurde, so müssen Krankheit und Tod eintreten. Bei jedem Menschen ist daher die Begierde, daß diese letzteren nicht geschehen sollen, und so muß Dukkha sein. Was ist die Antwort? Keine Geburt. Das bedeutet aber nicht, daß wir deswegen gleich sterben müssen. Es bedeutet aber, daß wir die Ich–Illusion nicht mehr zur Geburt bringen. Wenn nämlich keine Ich–Illusion da ist, dann ist niemand da, der leiden kann. Der Buddha hat es so ausgedrückt:

„Es gibt die Tat, aber keinen Täter.
Es gibt Leid, aber keinen Leidenden.
Es gibt den Pfad, aber keinen, der ihn beschreitet.
Es gibt *Nibbāna*, aber keinen, der es erreicht."

Es hört sich wie ein Paradox an, aber es bedeutet nur, daß unser ganzes Dukkha durch die Vorstellung kommt, daß wir »jemand« seien. Solange wir dies glauben, wollen wir, daß »jemand« dableibt. Dieser »Jemand«, der dableiben soll, schafft es nie. Wir haben uns also von vornherein einer verlorenen Sache hingegeben. Auf dem Weg, dieser verlorenen Sache irgendwie Realität zu verleihen, fallen wir von einer Schwierigkeit in die nächste. Wir denken, daß irgendein Mensch, den wir »mein« nennen können, die Sache für uns in Ordnung bringen könnte oder irgendein Lehrer oder eine Ideologie oder ein Besitztum, usw. Wenn wir aber das erreicht haben, was wir wollten, so hat sich überhaupt nichts geändert. Es ist alles so, wie es immer war. Wir haben viele Annehmlichkeiten und doch bleibt diese Unruhe; wir spüren, es fehlt etwas.

Natürlich glaubt jeder, der sich damit noch nicht beschäftigt hat, daß das eine Katastrophe ist, kein Ich zu haben. In Wirklichkeit ist es die einzige Möglichkeit, Glück und inneren Frieden zu finden. Allerdings geht es leider nicht, indem wir sagen:«Ah, das hört sich gut an, da geb' ich mal schnell das 'Ich' auf.« Derjenige, der sagt, daß er das »Ich« aufgeben will, ist ja das »Ich«. Es gehören viele Schritte der Einsicht dazu, zunächst, daß wir, genau wie der Buddha, Dukkha als unseren Lehrer benutzen. Der Buddha hat das Dukkha von drei Menschen gesehen und ist ausgehend von dieser Lernsituation zum Praktizieren übergegangen. Dann hat er erkannt, wie es möglich ist, diese unerfüllbare Begierde loszuwerden. Das erste, was wir machen können, ist überhaupt einmal zu erkennen, daß wir einer unerfüllbaren Begierde zum Opfer gefallen sind, und wie wir uns tagtäglich bemühen, diese Begierde irgendwie zu besänftigen. Es dauert eine Weile bis wir diesen Vorgang deutlich erkennen. Dann bemerken wir auch sehr schnell, daß nicht ein einziges dieser Manöver, uns je voll befriedigt hat. Es gab immer Anzeichen dafür, daß unsere Unternehmungen etwas bringen werden, doch am Ende haben wir genauso dagestanden wir vorher, weil diese Begierde nicht zu befriedigen war.

Wir können also jegliches Dukkha, das uns zustößt – sei es klein, mittel oder groß – herzlich willkommen heißen, anstatt es widerwillig abzulehnen. Wir können es als unseren Lehrer begrüßen, von dem wir Neues erfahren können. Es ist nicht gekommen, um uns zu betrüben. Wenn wir dem Dukkha gegenüber diese Haltung haben, dann werden wir auch etwas lernen und recht bald dankbar dafür sein. Vielleicht haben wir etwas verloren, was wir unbedingt behalten wollten, oder ein Mensch, der »mein« war, ist nicht mehr »mein«, oder der Körper, der »mein« sein soll, funktioniert nicht mehr so, wie er funktionieren sollte, oder was immer es sei. Diese Schwierigkeiten sind unsere Lehrmeister, und das Erkennen der Lektion bringt Dankbarkeit hoch.

Es gibt überhaupt nur einen wirklichen Lehrer, und das ist Dukkha. Wenn wir einem anderen Lehrer genug vorjammern und sagen:«Es geht mir so schlecht, und ich fühle mich gar nicht gut, und ich möchte nun endlich nach Hause gehen«, so wird dieser dann antworten:«Es tut mir leid. Dann mußt Du eben nach Hause gehen, wenn Du Dich nicht gut fühlst.« Wenn wir das dem Dukkha erzählen:«Ich fühle mich nicht gut, und es gefällt mir hier eigentlich gar nicht, und ich möchte furchtbar gern nach Hause gehen«, dann wird Dukkha sagen:«Na gut, geh' nur, aber ich komme mit.« Es ist der einzig verläßliche Lehrer, den wir haben. Er bleibt solange da, bis die Ursache für das Dukkha verschwunden ist. Dieses Dukkha muß nun nicht gleich eine Tragödie mit tiefem, innerem Schmerz sein. Es reichen die innere Unruhe, dieses Unerfülltsein, die Ängste, wie wir sie auch nennen wollen. Wir befürchten, das nicht leisten zu können, was wir glauben leisten zu müssen oder nicht anerkannt zu werden. Oder wir haben Angst vor der Zukunft, daß wir nicht genug Geld haben werden, nicht gesund bleiben, usw. Jeder trägt dieses Dukkha schon so lange mit sich herum, daß wir durch diese Gewohnheit es häufig nicht mehr untersuchen, bis es dann doch einmal überhand nimmt. Es wird stärker, scheint einen ganz einzunehmen, und dann befragen wir es, doch leider nur oberflächlich: Wieso fühle ich mich denn nicht gut? Ach bestimmt, weil ich Husten habe. Oder bestimmt, weil meine Nachbarn so unfreundlich sind. Oder bestimmt, weil mich mein Partner überhaupt nicht versteht, usw. Damit geben wir uns zufrieden und fragen nicht weiter. Aber ist das wirklich zufriedenstellend? Kann ich die Nachbarn oder den Partner ändern? Es wäre doch viel angebrachter, daß wir – wie uns der Buddha gezeigt hat – der Ursache auf den Grund gehen.

Der Buddha hat gesagt, es gibt vier verschiedene Arten Menschen. Die erste Sorte braucht nur das Wort »Dukkha« zu hören und sich dessen Bedeutung vorzustellen, dann beginnen sie schon zu praktizieren. Die nächste Sorte muß das Dukkha sehen; so wie der Buddha Krankheit, Alter und Tod gesehen, und dann sofort seine Konsequenzen gezogen hat. Dann gibt es Menschen, die bei ihren Familienmitgliedern Dukkha sehen und mit ihnen mitleiden, was sie zum Praktizieren antreibt. Dann gibt es die vierte und häufigste Sorte, die selber so viel Dukkha haben, daß sie irgend etwas unternehmen müssen.

Im Prinzip ist es egal, wieso wir anfangen zu praktizieren, obwohl es natürlich viel besser wäre, wenn wir schon beim ersten Mal, wenn wir nur hören, daß Menschen unglücklich sind, sofort etwas unternehmen würden, aber das ist sehr selten. Im allgemeinen müssen wir selber erst Dukkha erleben, so daß wir keine Ausflüchte mehr machen können. Wenn wir es wirklich untersuchen, dann sehen wir immer wieder, daß es nicht allein um das körperliche Überleben geht, was ja sowieso vollkommen ausgeschlossen ist, sondern um die andauernde Ego–Unterstützung. Wenn jemand sich nicht bereiterklärt, unser Ego zu unterstützen, dann haben wir einen guten Grund, diesen Menschen vollkommen abzulehnen. Dabei wäre es sogar möglich, daß derjenige die Wahrheit gesagt hat, und wir sehr viel daraus lernen könnten. Aber wir sind dieser Begierde nach Anerkennung, jemand zu sein, etwas zu werden, hier zu bleiben so stark verfallen, daß die kleinste Ego–Ablehnung uns sofort unglücklich macht. Wir können überhaupt nicht erkennen, was geschehen ist.

Durch Achtsamkeit auf unsere Gedankeninhalte und Emotionen könnten wir uns aber selber kennenlernen; dann sehen wir, warum wir reagieren. Wenn wir uns dann die Einsichten nach und nach erarbeiten, so merken wir ganz deutlich, daß jegliches Dukkha, das uns befällt, nicht nur ein Lehrmeister, sondern auch Ursache und Wirkung ist. Vielleicht erinnern wir uns nicht mehr an die Ursache und können sie auch nicht mit der Wirkung zusammenbringen, aber wir wissen dennoch, es kann nur Ursache und Wirkung sein, da wir vollkommene Selbstverantwortung für alles, was uns geschieht, übernommen haben. Dann sind wir auch in der Lage, ganz ehrlich zu uns zu sein. Bis dahin überschüttet uns die Angst so sehr, daß von Ehrlichkeit nicht die Spur sein kann, weil die Angst den Geist vollkommen einnimmt.

Wenn wir erkennen können, daß es auf dieser Welt keine Möglichkeit gibt, ohne Dukkha zu leben, kommt etwas Ernüchterung hinsichtlich der Welt, was ein großer Einsichtsschritt ist. Mit der Ernüchterung hinsichtlich der Welt kommt etwas mehr Gleichmut, der uns hilft, nicht immer die Anerkennung von außen zu suchen. Wir brauchen nicht mehr ständig bestätigt zu bekommen, daß wir da sind. In dem Moment, wo wir wissen, daß Dasein Dukkha bedeutet, brauchen wir auch nicht mehr darunter zu leiden.

Die Erleuchtungserklärung des Buddha handelt sich um Dukkha, daher wird sehr häufig fälschlich angenommen, daß seine Anweisungen immer wieder zum Leid hinführen. Es ist genau das Gegenteil. Wenn wir unsere Erwartungshaltung aufgegeben haben, daß in der Welt alles einmal für uns in Ordnung kommt, uns nichts mehr passieren kann, dann leiden wir nicht mehr unter Enttäuschungen, wenn es nicht so ist. Dann sehen wir Dukkha als universelles Daseinsmerkmal und fühlen uns nicht mehr persönlich von dem Leid angegriffen. Wir wissen, daß es jeder hat, nur unter anderem Namen. Wir fühlen uns nicht mehr alleine betroffen, sondern es ist einfach eine allgemeine Tatsache, genau wie das Wetter eine Gegebenheit ist. Jeder bekommt dasselbe Wetter, der in derselben Gegend wohnt. Ist das ein

Grund zum Leiden? Nein, so ist eben das Wetter. Genauso bräuchte niemand unter dem herrschenden Dukkha zu leiden.

Dukkha ist eines der drei Merkmale des Universums, weil alles Existierende geboren wurde und sterben muß. Dadurch allein entsteht schon die Reibung, die Dukkha ausmacht. Unerfülltsein ist das Merkmal jedes unerleuchteten Menschen. Wenn wir dies wissen, brauchen wir nicht darunter zu leiden.

Wir müssen einmal ganz klar und deutlich erkennen: Wieso haben wir Dukkha? Was begehren wir? Warum begehren wir es? Ist diese Begierde wirklich sinnvoll? Oder bringt sie nur neues Dukkha? Warum wollen wir uns selber dadurch unglücklich machen? Dukkha ist vollkommen verschwunden, wenn jede Begierde fallengelassen wird. Das können wir auch über kurze Zeit erleben, wenn wir in einer friedlichen Meditationsvertiefung sind und anschließend merken, daß die Bedingung dafür die Wunschlosigkeit war. Wenn wir durch das Betrachten und Erkennen von Dukkha zur Freiheit gelangen wollen, so gehen wir durch das Tor der Wunschlosigkeit, was zwar friedlich, aber keineswegs langweilig ist. Dieses Tor der Wunschlosigkeit können wir natürlich nur sehen und finden, wenn wir erkannt haben, daß all unser Begehren auf einem unerfüllbaren Wunsch beruht und zweitens, daß wir schon so viele Wünsche erfüllt bekommen haben und trotzdem immer noch nicht zufrieden sind. Wann können wir damit aufhören? Wir können nicht mit Gewalt verhindern, daß wir Wünsche haben, da die Begierde zu »sein« und zu »bleiben« viel zu stark ist. Aber wir sind in der Lage, diese Begierden immer wieder in uns zu erkennen, das damit verbundene Leid zu sehen und immer wieder loszulassen.

Der erste Schritt liegt in der Selbst–Beobachtung und Selbsterfahrung, und der zweite ist, Dukkha zu begrüßen und der dritte ist zu erkennen, daß es universell ist. Niemand hat ein Monopol auf Dukkha. Durch dieses Erkennen ist es auch viel einfacher, Mitgefühl und Zusammengehörigkeit zu empfinden, die Isolation, die Ängste und Gefahren zu überwinden.

Die Natur kann uns dabei auch helfen. Wir können z.B. einmal die Vögelchen beobachten und nicht nur sehen, daß sie hübsche Federn haben, niedlich aussehen und schöne, trillernde Stimmen haben, sondern wie sie sich verhalten. Sie schauen sich ständig um, ob sie irgend etwas bedroht. Sie stehlen sich auch immer gegenseitig das Futter. Sie haben andauernd Angst. Schaut Euch die Ebene einmal an, auf der die Vögelchen wirklich leben, und seht es nicht nur so, als würde alles wunderschön und heil sein.

Diese Einsichtsschritte durch Dukkha sind eine große Hilfe und werden uns motivieren, uns noch mehr mit dem Weg, den der Buddha aus dem Leid heraus gewiesen hat, zu beschäftigen. Den Körper brauchen wir dabei nicht aufzugeben, sondern »nur« die Ich–Illusion.

* * *

Teil II

Die sieben Stufen der Läuterung

Der Ehrw. Ñāṇarāma Mahāthera in seiner Kuti
im Kloster Mitirigala, Sri Lanka.

Die sieben Stufen der Läuterung und die Einsichtserkenntnisse

von dem

Ehrw. Matara Sri Ñāṇarāma Mahāthera

Meditationsmeister
von
Mitirigala Nissaraṇa Vanaya
Sri Lanka

Titel der Orginalausgabe:
The seven stages of purification and The insight knowledges
Übersetzt aus dem Singhalesischen
Herausgegeben auf Englisch von der

Aus dem Englischen ins Deutsche übertragen von
Gudrun Heidecke, 1993

Inhalt

Teil II: Die sieben Stufen der Läuterung

Liste der Abkürzungen

A.	Anguttara Nikāya (Angereihte Sammlung)
D.	Dīgha Nikāya (Lange Sammlung)
Dhp.	Dhammapada (Verse des Buddha)
Dhp.A.	Dhammapadaṭṭhakathā (Kommentar)
G.S.	Gradual Sayings (Angereihte Sammlung)
K.S.	Kindred Sayings (Thematische Sammlung)
M.	Majjhima Nikāya (Mittlere Sammlung)
M.L.S.	Middle Length Sayings (Mittlere Sammlung)
MA.	Majjhima Nikāyaṭṭhakathā (Papañcasūdanī)(Kommentar)
Mp.	Milindapañhā (Die Fragen des Königs Milinda)
P.P.	Path of Purification (Der Weg zur Reinheit)
Pj.	Paramatthajotika
Ps.	Paṭisambhidāmagga (Palitext, P.T.S.)
S.	Saṁyutta Nikāya (Thematische Sammlung)
Sn.	Sutta–Nipāta (Älteste Überlieferung aus dem Pali Kanon)
Thag.	Thera Gāthā (Lieder der Mönche)
Ud.	Udāna (Worte des Buddha)
Vis.	Visuddhi–Magga (Der Weg zur Reinheit)

Vorwort des Übersetzers ins Englische

Wenn die Fülle von Literatur über ein Thema ein Anzeichen für vorherrschende Trends in der Leserschaft ist, dann ist Buddhistische Meditation heute zweifelsohne sowohl in Asien wie im Westen ein Thema großen Interesses. Auf diesem Gebiet schaut der Westen auf die ehrenwerten Traditionen Asiens, um mehr von den Techniken und Lehren der Geistesschulung zu lernen. Das Angebot an »Know–How« für Selbst–Überwindung ist weit kleiner als die Nachfrage, aufgrund des Mangels an ehrenwerten Meditationsmeistern, die mit Sicherheit Maßgebliches über das Thema sagen können. In diesem Zusammenhang sollte diese Abhandlung jenen eine Fundgrube sein, die sich hohen Idealen hingeben.

Der Autor dieser Abhandlung ist unser verehrter Lehrer, der Ehrw. Matara Sri Ñāṇarāma Mahāthera, der Meditationsmeister (*kammaṭṭhānācariya*) von Mitirigala Nissaraṇa Vanaya in Mitirigala, Sri Lanka. Er war einer der anerkanntesten Meditationsmeister unserer Zeit in Sri Lanka, einmal wegen seiner umfassenden Kenntnis von Meditationsmethoden und wegen seiner langjährigen Erfahrung im Beraten von Schülern. Obwohl er sich auf die burmesischen *Vipassanā* Methoden spezialisiert hatte und mit Sachkenntnis über das Thema sprechen konnte, beschränkte er sich nicht auf den »reinen Einsicht«–Zugang. Obwohl kurz und bündig dargestellt, so umfaßt diese Abhandlung dennoch den ganzen Umfang der sieben Stufen der Läuterung und die Einsichtserkenntnisse, und betont den Wert sowohl von *Samatha* (Ruhe) als von *Vipassanā* (Einsicht).

Die Abhandlung entstand aus einer Vortragsreihe über Meditation, die unser ehrwürdiger Lehrer vor uns, seinen Schülern, 1977 gehalten hat. Einige von uns waren in der

Lage, den Inhalt seiner Vorträge aufzuschreiben, was wir ihm später zeigten und mit einigen erklärenden Bemerkungen ergänzten. Das endgültige Ergebnis dieser Arbeit erschien als die ursprüngliche Sinhala Abhandlung, die den Titel »*Sapta Visuddhiya–ha–Vidarshana–ñāṇa*« trug. Die singhalesische Arbeit wurde dann genauestens in eine englische Fassung übertragen, die weiter verbessert und redigiert wurde, bis sie die Gestalt der jetzigen Abhandlung annahm.

Beim Umwandeln der gesprochenen Vorträge in eine systematische Darstellung geht zu einem gewissen Grade der lebendige Geist ihrer unmittelbaren Vortragsweise verloren. Wir haben versucht, diesen Verlust zu vermeiden, indem wir so viele inspirierende Passagen wie möglich im Text beibehalten haben. Einige solcher Stellen früherer Vorträge mußten herausgenommen werden, da sie bei einer systematischen Abhandlung fehl am Platz waren. Um sie dem Leser dennoch zugänglich zu machen, fügen wir sie im Anhang 1 unter der Überschrift »Der Ruf zum meditativen Leben« bei.

Ein Schüler

Mitirigala Nissaraṇa Vanaya
Mitirigala, Sri Lanka
25. Oktober 1981

Vorwort zur deutschen Fassung

Als ich dieses Buch an stillen Wintertagen im Buddha-Haus übersetzt habe, hatte ich nicht die Absicht, es je zur Veröffentlichung zu bringen. Nun liegt die Übersetzung im Rahmen der Festschrift zu Ayya Khemas 70. Geburtstag vor. Der Ehrw. Ñāṇarāma Mahāthera war Ayya Khemas Lehrer und hat sie glücklicherweise dazu ermutigt, die meditativen Vertiefungen zu lehren; diese Veröffentlichung ist ein Dank an ihn und sie.

Durch die systematische Darstellung dieses Buches wird deutlich, daß der spirituelle Weg kein phantasievolles Lotteriespiel ist, sondern ein gerader, klarer und allgemeingültiger Weg der Läuterung und Einsicht.

Wer schon ausführliche Erklärungen von Ayya Khema über die Meditation für Ruhe und Einsicht gehört oder gelesen hat und selber meditiert, wird diese Abhandlung von dem Ehrw. Ñāṇarāma Mahāthera als Leitfaden und Inspiration besonders schätzen.

Um keine Verwirrung zu stiften, habe ich zum großen Teil deutsche Begriffe übernommen, die vom Ehrw. Nyānatiloka und vom Ehrw. Nyānaponika in der Visuddhi-Magga und anderen Werken verwendet worden sind. Die Seitenangaben der Zitate beziehen sich alle auf die englischen Veröffentlichungen.

Ich danke besonders Ayya Khema und Simon für ihre Verbesserungen und Romy und Martin für ihre Hilfe bei der Textverarbeitung.

Möge dieses Buch ein hilfreicher Wegbegleiter sein.

Uttenbühl, im Mai 1993 Gudrun Heidecke

Ein Porträt des Ehrw. Matara Sri Ñāṇarāma Mahāthera († 1992)

Der Autor dieser Abhandlung, der Ehrw. Matara Sri Ñāṇarāma Mahāthera, wurde 1901 im Süden Sri Lankas in der Stadt Matara geboren. 1917 bekam er seine erste Ordination als Novize (*pabbajjā*) und 1922 die höhere Ordination (*upasampadā*). Er machte das traditionelle klösterliche Training durch und beherrschte durch seine höhere Schulung im Tempel das Dhamma und die Sprachen der Schriften, Pali und Sanskrit. Während er noch im Tempel lebte, bekundete er bereits großes Interesse an Meditation. Später, ab 1945, verließ er das Tempelleben und wurde ein Waldmönch, der in Waldklöstern und Meditationszentren wohnte und meditierte. 1951 wurde er gebeten die Schirmherrschaft von der Srī Kalyānī Yogāshramīyā Saṁsthā, einer Organisation von Meditationszentren, gegründet vom Ehrw. K. Sri Jinavaṁsa Mahāthera, zu übernehmen. Diese Organisation, die über fünfzig Zweigstellen in Sri Lanka hat, übertrug ihm die hochangesehene Position des »Mahopādhyāya«, des Hauptlehrers und Präzeptors. Diese Position hatte er bis zu seinem Tode (1992).

Als eine Gruppe von Burmesischen Meditationsmeistern unter der Leitung des Ehrw. Mahasi Sayadaw 1958 Sri Lanka besuchte, machte der Ehrw. Ñāṇarāma eine intensive Ausbildung im Burmesischen System der Einsichts–meditation (*vipassanā*) unter der Leitung des Ehrw. U Javana, einem leitenden Schüler von Mahasi Sayadaw, mit. In Anerkennung seiner Fähigkeiten vermittelten ihm die Burmesischen Meditationsmeister das gesamte Training, das nötig ist, um ein vollkommen qualifizierter Meditationsmeister (*kammaṭṭhānācariya*) zu werden.

Eine Gelegenheit, dieses Training und diese Fähigkeit für andere einzusetzen, ergab sich 1967. Er wurde eingeladen, am neueröffneten Mitirigala Nissaraṇa Vanaya, einem asketischen Meditationskloster, das von Mr. Asoka Weeraratne (jetzt der Ehrw. Bhikkhu Dhammanisanthi) gegründet wurde, Meditationsmeister zu werden. Als Meditationsmeister von Mitirigala Nissaraṇa Vanaya hat der ehrwürdige Autor einem ständig wachsenden Kreis von Meditierenden Anweisungen gegeben, auch Mönchen und Nonnen aus westlichen Ländern.

Außer diesem Werk hat der ehrwürdige Autor zwei weitere Veröffentlichungen auf Singhalesisch verfaßt: *Bhāvanā Māryaya,* eine Erklärung des Weges der Meditation und *Vidarshanā Parapura,* ein Werk über Anweisungen und Übungen in der Tradition der Einsichtsmeditation.

* * *

Namo tassa bhagavato arahato sammāsambuddhassa.

Wir verehren den Erleuchteten, den vollkommen Geläuterten, den zur Wahrheit Erwachten.

Einführung

Die sieben Kutschen

Der Praxispfad, der zu *Nibbāna* führt, entfaltet sich in Stadien, die als die Sieben Stufen der Läuterung bekannt sind (*satta visuddhi*). Diese Stufen sind wie folgt:

1. Läuterung der Tugend (*sīlavisuddhi*)
2. Läuterung des Geistes (*cittavisuddhi*)
3. Läuterung der Ansicht (*diṭṭhivisuddhi*)
4. Läuterung durch das Überwinden des Zweifels (*kankhāvitaraṇavisuddhi*)
5. Läuterung durch den Erkenntnisblick von Pfad und Nicht–Pfad (*maggāmaggañāṇadassanavisuddhi)*
6. Läuterung durch den Erkenntnisblick des Pfades (*paṭipadañāṇadassanavisuddhi*)
7. Läuterung durch den Erkenntnisblick (*ñāṇadassanavisuddhi*)

Beim Erlangen von *Nibbāna* steht unser Geist in unmittelbarer Verbindung mit der siebten und letzten Stufe dieser Folge, der Läuterung durch den Erkenntnisblick, die das Erleben des überweltlichen Pfades ist. Aber diese Läuterung kann nicht auf einmal erlangt werden, da die sieben Stufen der Läuterung eine bedingte Folge darstellen, bei der man durch die sechs ersten Läuterungen gehen muß, bevor man bei der siebten anlangt.

Im Kanon werden die Sieben Stufen der Läuterung nur in der Rathavinīta Sutta (Die Lehrrede von den sieben Kutschen), der 24. Lehrrede der Mittleren Sammlung (Majjhima Nikāya), direkt erwähnt. In der Dasuttara Sutta (Sutta Nr. 34) der Langen Sammlung (Dīgha Nikāya) werden diese sieben Läuterungen unter neun Begriffen aufgezählt, die zusammengefaßt »Faktoren der Anstrengung, die zur Läuterung führen« (*pārisuddhi padhāniyaṅga*) genannt werden. Die letzten beiden davon sind die Läuterung der Weisheit und die Läuterung der Erlösung. Dieselbe Folge von sieben Läuterungen bildet jedoch das Gerüst von Bhadantācariya Buddhaghosas Nachschlagewerk über buddhistische Meditation, der Visuddhi–Magga, (»Der Weg zur Reinheit« ins Deutsche übersetzt von dem Ehrw. Nyānatiloka Mahāthera). So dient diese Folge als eine deutliche Zusammenfassung des ganzen Pfades, den ein Meditierender bei seiner inneren Reise von Verblendung zur Befreiung durchläuft.

In der Rathavinīta Sutta werden die Sieben Stufen der Läuterung in einem Dialog zwischen dem Ehrw. Sāriputta und dem Ehrw. Puṇṇa Mantāniputta Thera dargelegt. Die Fragen des Ehrw. Sāriputta beantwortet der Ehrw. Puṇṇa auf bemerkenswerte Weise, immer um besondere Punkte der Lehre zu beleuchten.

„Freund, wird bei dem Erhabenen das heilige Leben gepflegt?"

„Ja, Freund."

„Freund, wird das heilige Leben bei dem Erhabenen wegen der Läuterung der Tugend gelebt?"

„Nein, darum nicht, Freund."

„Dann, Freund, wird das heilige Leben bei dem Erhabenen wegen der Läuterung des Geistes gelebt?"

„Nein, darum nicht, Freund."

„Dann, Freund, wird das heilige Leben bei dem Erhabenen wegen der Läuterung der Ansicht gelebt?"

„Nein, darum nicht, Freund."

„Dann, Freund, wird das heilige Leben bei dem Erhabenen wegen der Läuterung durch das Überwinden des Zweifels gelebt?"

„Nein, darum nicht, Freund."

„Dann, Freund, wird das heilige Leben bei dem Erhabenen wegen der Läuterung durch den Erkenntnisblick von Pfad und Nicht–Pfad gelebt?"

„Nein, darum nicht, Freund."

„Dann, Freund, wird das heilige Leben bei dem Erhabenen wegen der Läuterung durch den Erkenntnisblick des Pfades gelebt?"

„Nein, darum nicht, Freund."

„Dann, Freund, wird das heilige Leben bei dem Erhabenen wegen der Läuterung durch den Erkenntnisblick gelebt?"

„Nein, darum nicht, Freund."

Nun faßte der Ehrw. Sāriputta die Punkte der Unterhaltung zusammen, betonte die verneinende Tendenz und fragte:

„Was ist dann der Zweck, Freund, für den das heilige Leben bei dem Erhabenen gelebt wird?"

Und der Ehrw. Puṇṇa antwortete:

„Freund, das heilige Leben wird bei dem Erhabenen wegen des vollkommenen Erlöschens ohne Anhaften gelebt."

Diese Antwort verdeutlicht, daß nicht einmal die siebte und letzte Läuterung als Zweck des spirituellen Lebens anzusehen ist. Der Zweck ist nichts anderes als die vollständige Tilgung aller Verunreinigungen ohne irgendein Anhaften. Mit anderen Worten, das Erlangen des *Nibbāna* – des bedingungslosen Elements (*asaṅkhata dhātu*).

Um diesen Punkt noch klarer zu machen, gibt der Ehrw. Puṇṇa Mantāniputta folgendes Gleichnis von den sieben Kutschen:

„Freund, es ist wie wenn König Pasenadi von Kosala sich in Sāvatthi aufhielte, etwas Dringendes in Sāketa zu erledigen wäre und eine Staffel von sieben Kutschen für ihn zwischen Sāvatthi und Sāketa bereitgestellt würde. Dann, Freund, nachdem König Pasenadi von Kosala das Palast-Tor in Sāvatthi verlassen hätte, würde er die erste Kutsche besteigen und mit der ersten Kutsche würde er die zweite Kutsche erreichen. Er würde die erste Kutsche entlassen und würde die zweite Kutsche besteigen und mit der zweiten Kutsche würde er die dritte Kutsche erreichen. Er würde die zweite Kutsche entlassen und würde die dritte Kutsche besteigen und mit der dritten Kutsche würde er die vierte Kutsche erreichen. Er würde die dritte Kutsche entlassen und würde die vierte Kutsche besteigen und mit der vierten Kutsche würde er die fünfte Kutsche erreichen. Er würde die vierte Kutsche entlassen und würde die fünfte Kutsche besteigen und mit der fünften Kutsche würde er die sechste Kutsche erreichen. Er würde die fünfte Kutsche entlassen und würde die sechste Kutsche besteigen und mit der sechsten Kutsche würde er die siebte Kutsche erreichen. Er würde die sechste Kutsche entlassen und würde die siebte Kutsche besteigen und mit der siebten Kutsche würde er das Palast–Tor in Sāketa erreichen."

Im Falle der sieben Läuterungen deutet die Reinheit darauf hin, daß die unheilsamen Faktoren, die jeder Läuterung entgegengesetzt sind, ausgelöscht werden. Die Läuterung der Tugend bedeutet die Reinheit, die durch das Unterlassen von körperlichen und sprachlichen Verfehlungen und auch von falschem Lebenserwerb erlangt wird. Die Läuterung des Geistes ist die Reinheit, die durch das Auslöschen von Zuneigung, Ablehnung, Trägheit, Unruhe und innerem Zwiespalt herrührt und durch des Geistes Absicherung gegen deren Einfluß. Die Läuterung der Ansicht wird durch das Fallenlassen irriger Vorstellungen bewirkt. Die Läuterung durch das Überwinden des Zweifels ist die Reinheit, die durch die Bezwingung aller Zweifel hinsichtlich der Struktur der *samsarischen* Existenz entsteht. Die Läuterung durch den Erkenntnisblick von Pfad und Nicht–Pfad bedeutet die Reinheit, die durch das Überwinden der verführerischen Ablenkungen, die im Verlauf der Einsichtsmeditation auftreten, erreicht wird. Die Läuterung durch den Erkenntnisblick des Pfades ist die Reinheit, die aus der zeitweiligen Beseitigung von Verunreinigungen resultiert, die den Praxispfad blockieren. Und schließlich ist die Läuterung durch den Erkenntnisblick die vollkommene Reinheit, die durch das Tilgen der Verunreinigungen und der unterschwelligen Tendenzen durch die überweltlichen Pfad–Momente gewonnen wird. Die Läuterung durch den Erkenntnisblick besteht aus dem Erleben der vier Pfad–Momente: dem Pfad–Moment des Stromeintritts, dem Pfad–Moment des Einmalwiederkehrers, dem Pfad–Moment des Nichtwiederkehrers und dem Pfad–Moment der vollkommenen Heiligkeit.

Kapitel I

Läuterung der Tugend

(Sīlavisuddhi)

Wie jeder andere Baum, braucht auch der große Baum des meditativen Lebens Wurzeln. Die Wurzeln des meditativen Lebens sind die Läuterung der Tugend und die Läuterung des Geistes. Wenn diese zwei Wurzeln nicht genährt werden, gibt es keinen Fortschritt in der Meditation.

Die erste und grundlegendste Wurzel ist die Läuterung der Tugend. Diese besteht in dem Verstehen und Praktizieren von vier Arten der Selbstdisziplin: (1) die Tugendregeln, die man auf sich genommen hat, einzuhalten und wie das eigene Leben zu beschützen; (2) die sechs Sinnestore zu bewachen, ohne Negativitäten aufsteigen zu lassen; (3) einen rechtschaffenen Lebensunterhalt zu haben; (4) und mit weiser Überlegung die Dinge des täglichen Lebens zu benutzen. Ein meditativer Mensch, der gemäß dieser vier Arten der Selbstbeherrschung lebt, wird nichts finden, woran er anhaftet, oder wogegen er eine Abneigung empfindet. Dann ist der Meditierende jemand, der eine »leichte« Lebensweise hat. Der Körper fühlt sich leicht an, und das Herz ist zufrieden – frei von der Bürde eines Besitzanspruchs auf irgend etwas zwischen Himmel und Erde. Obwohl diese vier Prinzipien der Selbstdisziplin ursprünglich für Mönche und Nonnen vorgeschrieben wurden, sollten meditierende Laien sie in ihre eigene Situation integrieren.

Jeder sollte einen Maßstab der Sittlichkeit anlegen, der auf *Nibbāna* ausgerichtet ist. Die Norm hängt von der jeweiligen Lebenslage ab. Von Mönchen und Nonnen wird erwartet, daß sie die Übungsregeln einhalten, die im Kodex der moralischen Disziplin angegeben sind, und aus denen die Ordensregeln (*Pātimokkha*) bestehen. Männliche und weibliche Laien–Anhänger haben fünf Tugendregeln als ihre ständige Norm der Tugend in ihrem täglichen Leben. Wenn sie mehr Enthusiasmus aufbringen, können sie acht Tugendregeln, mit dem Lebensunterhalt als der achten, auf sich nehmen und einhalten oder die zehn Laien–Tugendregeln oder die acht Tugendregeln, die als besondere Observanz an *Uposatha*[*] Tagen empfohlen werden. Die Schriften berichten von verschiedenen Beispielen, wo Menschen, ohne vorher irgendeine Tugendregel auf sich genommen zu haben, die Ansprüche der Läuterung der Tugend bloß durch Entschlossenheit beim Hören einer Lehrrede erfüllt haben und sogar die überweltlichen Pfad– und Frucht–Momente erreichen konnten. Wir sollten verstehen, daß solche Menschen mit hochentwickelten spirituellen Fähigkeiten ausgestattet waren und ihnen eine gewaltige Fülle von Verdiensten zugute kam, da sie die Vollkommenheitsanforderungen für ihre jeweiligen Verwirklichungen bereits in der Vergangenheit erfüllt hatten.

Zu der Zeit, wenn die Pfad– und Frucht–Momente erlangt werden, sollten sowohl Mönche wie auch Laien gleichermaßen in der Tugend der Sinneskontrolle entwickelt sein. Diese Tugend der Sinnesbeherrschung besteht im achtsamen Bewachen der Sinnestore: Auge, Ohr, Nase, Zunge, Körper und Geist. Durch Achtsamkeit muß man das Aufsteigen aller Verunreinigungen verhindern, die durch die Sinneskontakte verursacht werden: alle Arten von Wünschen, bedeutende und

---

[*] *Uposatha*: 4 Tage im Monat: Vollmond, Neumond und zweimal Halbmond.

kleinere Konflikte, genau wie alle sehr subtilen Täuschungen, die unmittelbar in der Verblendung wurzeln, einfach in reiner Unwissenheit. Im allgemeinen ist die Täuschung schwer zu durchdringen. Aber wenn man mit Achtsamkeit jedes Objekt, das an den sechs Sinnestoren »anklopft«, geistig vermerkt, kann man sich selber von der Täuschung befreien. Das Nicht-Wissen von dem, was man wissen sollte, sowie eine falsche Vorstellung davon, bedeutet Verblendung.

Vergißt man, ein angenehmes Gefühl geistig zu vermerken, schafft man der Begierde eine Gelegenheit aufzusteigen. Unterläßt man, ein unangenehmes Gefühl geistig zu vermerken, kann dies die Gelegenheit für das Aufsteigen von Abneigung sein, während diese Unterlassung in Bezug auf ein weder angenehmes noch unangenehmes Gefühl Täuschung, Verblendung oder Unwissenheit erzeugen kann. Daher ist die Übung, jedes Objekt, das an den sechs Sinnestoren »anklopft«, geistig zu vermerken, auch hilfreich, um die unterschwellige Tendenz zur Unwissenheit loszuwerden.

„Im Falle des angenehmen Gefühls, Freund Visākha, muß die unterschwellige Neigung zum Anhaften aufgegeben werden. Im Falle des unangenehmen Gefühls muß die unterschwellige Neigung zur Abneigung aufgegeben werden. Und im Falle des weder–unangenehmen–noch–angenehmen Gefühls muß die unterschwellige Neigung zu Unwissenheit aufgegeben werden." (M. I, 303, Cūlavedalla Sutta).

Bevor man sich in der Tugend ganz festigen kann, muß man deren Bedeutung gut verstehen. Für diesen Zweck sollte man »Die Beschreibung der Tugend« in der Visuddhi-Magga (P.P., S.6ff.) studieren. Normalerweise beschützt man seine Tugend durch Gewissensscheu und Scham (*hiri, otappa*), die ihre unmittelbaren Ursachen sind. Ein weiser Mensch beachtet jedoch die Tugend allein mit dem Ziel,

Nibbāna zu erlangen. Tugend wird eigentlich als körperliche und sprachliche Selbstdisziplin definiert (als Enthalten von körperlichen und sprachlichen Verfehlungen), was eine Folge des Hörens und Verstehens des Dhamma ist. (Ps. I, 1)

Es gibt verschiedene Stufen der Tugend, die je nach dem Grad der Vollkommenheit aufeinander folgen:

1. Die Tugend eines gewöhnlichen Weltlings (d.h. eines Menschen, der nicht praktiziert, um den überweltlichen Pfad zu erlangen).
2. Die Tugend eines edlen Weltlings (d.h. eines Weltlings, der den Übungsweg praktiziert, um den überweltlichen Pfad zu erreichen).
3. Die Tugend eines Übenden (d.h. die Tugend, die mit den vier Pfad– und den ersten drei Frucht–Momenten verbunden ist).
4. Die Tugend eines Nicht–Übenden (d.h. die Tugend, die aus der beruhigenden Läuterung oder Tugend besteht, verbunden mit der Frucht der Arahantschaft).

Die vierte und letzte von diesen ist die Tugend, die Buddhas, Pacceka Buddhas und Arahants als Ergebnis der Tilgung aller ihrer Verunreinigungen als Selbstverständlichkeit besitzen.

Verstehen wir die Tugend der vierfachen Selbstbeherrschung wie oben beschrieben, sollte man seine Tugend sogar um den Preis des eigenen Lebens beschützen, geleitet von Gewissensscheu und Scham, als auch vom Ideal des *Nibbāna*.

Kapitel II
Läuterung des Geistes
(cittavisuddhi)

Die körperliche und sprachliche Beherrschung, die durch die geläuterte Tugend gefestigt wurde, bereitet den Weg für die geistige Beherrschung, die den nächsten Schritt der Läuterung, die Läuterung des Geistes, bringt. Diese Läuterung entsteht durch Konzentration (*samādhi*), die durch zwei Wege erreicht werden kann: durch das Mittel der Ruhe (*samathayāna*) oder durch das Mittel der Einsicht (*vipassanāyāna*).

1. Hindernisse und Hilfen für die Konzentration

Ein Meditierender, der die Ruhe–Meditation entwickeln will, muß sich zuerst bemühen, die Hindernisse für die Meditation zu überwinden. Für Meditierende zählt die Visuddhi–Magga zehn Hindernisse (*palibodhā*) auf:

„Eine Wohnung, Familie, Gewinn, Schüler, auch Bauen als fünftes und Reisen, Verwandte, Gebrechen, Bücher, und übermenschliche Kräfte: zehn."

1. Eine Wohnung kann für denjenigen ein Hindernis sein, der dort viele Sachen angesammelt hat oder dessen Geist von Geschäften, die damit verbunden sind, belastet ist.
2. Eine Familie, bestehend aus Verwandten oder Anhängern, wird für den zum Hindernis, der in enger Verbindung mit ihren Mitgliedern lebt.
3. Gewinne, im Sinne der vier Bedarfsgegenstände des Mönchslebens (Roben, Nahrung, Unterkünfte und

Arznei) verpflichten ihn, in Verbindung mit Laien zu treten.

4. Eine Klasse von Schülern ist ein Hindernis, wenn es den Meditierenden mit der Pflicht des Lehrens und Anleitens bindet.

5. Neue Bauarbeiten sind für einen meditierenden Mönch immer ein Hindernis, weil sie Verantwortung darstellen, die ihn ablenkt.

6. Eine Reise wird zur Quelle von ablenkenden Gedanken sowohl in der Planung als auch bei dem tatsächlichen Unterwegssein.

7. Wenn Verwandte krank werden, müssen sie manchmal von einem Mönch gepflegt werden, was eine Verantwortung ist, die ihn abermals von der Meditation fernhält.

8. Die eigene Krankheit oder Gebrechen, die einer Behandlung bedürfen, sind ein weiteres Hindernis.

9. Bücher, im Sinne von Verantwortlichkeit für die Schriften, können für manche Meditierende ein Hindernis sein.

10. Sogar die übermenschlichen Kräfte, die schwer beizubehalten sind, werden als Hindernis für denjenigen angesehen, der Einsicht sucht.

Für einen meditierenden Mönch ist es hilfreich, im voraus zu verstehen, wie man die Hindernisse bewältigen kann. Sechs Hindernisse – »Wohnung«, »Familie«, »Gewinn«, »Schüler«, »Verwandte« und »Ruhm« – können durch das Aufgeben des Anhaftens an ihnen überwunden werden. Drei Hindernisse – »Bauen«, »Reisen« und »Bücher« werden durch das Unterlassen der Aktivitäten, die sie mit sich bringen, beseitigt. »Gebrechen« sind bei heilbaren Krankheiten ein Hindernis, das durch die richtige medizinische Behandlung überwunden werden kann. Es gibt einige Krankheiten, die chronisch sind. Egal ob die Krankheit jedoch chronisch oder gar unheilbar ist, man sollte trotzdem mit dem Meditieren fortfahren. Krankheiten wie Katarrh, die ziemlich erträglich sind, können mit Beharrlichkeit in der Meditation besiegt werden. Ein ernsthafter Meditierender darf nicht zulassen, daß die Krankheit ihn besiegt. Im Laufe unzähliger Geburten im *Saṁsāra* war man ein hilfloses Opfer von Krankheiten. So sollte man wenigstens jetzt die ernsthafte Anstrengung machen, die Krankheiten des Geistes zu behandeln, auch wenn man zugleich Medizin für die Krankheiten des Körpers nimmt. In dieser Weise wird man erfolgreich die Hindernisse überwinden, so daß man mit der Meditation fortfahren kann.

Neben dem Wissen, wie man die Blockierungen beseitigen kann, sollte ein Meditierender die Hindernisse (*paripantha*) für die Konzentration und die Läuterungen (*vodāna*) verstehen.

Hindernisse sind solche Bedingungen, die den Fortschritt der Konzentration vermindern oder verlangsamen; die Läuterungen sind solche Bedingungen, die der Konzentration zur Reife verhelfen (Ps. I, 165). Beide sind sechs an der Zahl. Die sechs Hindernisse für die Konzentration sind:

1. Der Geist hat Sehnsucht nach der Vergangenheit, wird von Zerstreutheit überwältigt.
2. Der Geist hat Verlangen nach der Zukunft, wird von Hoffnungen und Sehnsüchten erfüllt.
3. Der schlaffe Geist wird von Trägheit übermannt.
4. Der überbesorgte Geist wird von Unruhe befallen.
5. Der überinteressierte Geist wird von Begierde erfüllt.
6. Der ablehnende Geist wird von Übelwollen befallen.

Versteht man, daß diese sechs Zustände der Konzentration abträglich sind, sollte man den Geist ständig davor beschützen, unter ihren Einfluß zu geraten, weil man durch Nachlässigkeit die Konzentration, die man bereits entwickelt hatte, verlieren kann.

Betrachten wir nun, wie diese sechs Zustände entstehen. Wenn sich der Meditierende seinem Meditationsobjekt zuwendet, steigen Gedanken zu diesem Thema in seinem Geist auf. Und wenn dieser Gedankenstrom das Meditationsobjekt weiterverfolgt, wird er ab und zu auf Erinnerungen an bestimmte Ereignisse stoßen, die mit dem Thema irgendwie verbunden sind. Bevor der Meditierende merkt, was geschieht, springt der Gedankenstrom von der Meditation ab und haftet an den vergangenen Ereignissen. Es mag einige Zeit, sogar eine lange Zeit, dauern, bis der Meditierende merkt, daß sein Geist nicht mehr beim Meditationsobjekt ist. Diese Neigung des Geistes, vom Meditationsobjekt zu Gedanken abzudriften, beeinträchtigt die Konzentrationskraft sehr und führt zum Zerstreutsein. Folglich ist diese Neigung ein Hindernis für das Erhalten der Konzentration, um so mehr für ihr Reifen.

Das zweite Hindernis, das oben angeführt wurde, ist die Neigung des Geistes, auf die Zukunft vorzugreifen. Sehr oft nimmt diese Neigung die Form von Wünschen und Hoffnungen an. Wenn Verlangen den Geist längere Zeit gefangen nimmt, verursacht dies eine Art geistiges Erzittern, das ebenfalls die Konzentration schwächt.

Das dritte Hindernis ist geistige Trägheit, die den Geist teilnahmslos macht.

Das vierte Hindernis ist der überbesorgte Geist. Manchmal wird der Meditierende so enthusiastisch und unermüdlich in seinen Bemühungen, daß er beginnt, mit übertriebenem Eifer zu meditieren. Aber weder sein Körper noch sein Geist können dieser überspannten Anstrengung standhalten. Körperlich fühlt er sich erschöpft und hat manchmal Kopfweh; geistig gerät er in Verwirrung, was zu einer Verschlechterung seiner Konzentration führt.

Das fünfte Hindernis ist der überinteressierte Geist. Dieser Zustand wird durch Begierde verursacht und entsteht, wenn dem Geist erlaubt wird, zu verschiedenen abwegigen Gedanken–Objekten abzuschweifen.

Und das sechste Hindernis ist der ablehnende Zustand des Geistes, der sich ergibt, wenn dem Geist erlaubt wird, Gedanken unter dem Einfluß von Übelwollen zu verfolgen.

Um den Geist vor dem Abgleiten in diese sechs Hindernisse zu beschützen, sollte man ihn davor bewahren, ablenkende Gedanken weiterzuführen. Durch das Fernhalten des Geistes von diesen sechs Hindernissen, kommen die sechs Möglichkeiten zur Läuterung der Konzentration zustande. Mit anderen Worten, durch den Versuch, die sechs Hindernisse zu überwinden, erfüllt man die sechs Bedingungen, die für die Reinheit der Konzentration nötig sind. Die sechs Reinheiten sind also die Befreiung des Geistes von der Sehnsucht nach der Vergangenheit, dem Verlangen nach der Zukunft, von Trägheit, Unruhe, Begierde und Übelwollen.

Ein gewisser Grad der Läuterung des Geistes wird durch diese sechs Arten der Reinheit der Konzentration hervorgerufen. Vier zusätzliche Bedingungen jedoch sind nötig, um diese Läuterung zu vervollständigen:

1. Die beiden spirituellen Fähigkeiten, Vertrauen und Weisheit, müssen im Gleichgewicht sein.
2. Alle fünf spirituellen Fähigkeiten (Vertrauen, Energie, Achtsamkeit, Konzentration und Weisheit) müssen zu

einem einheitlichen Zweck zusammenarbeiten.

3. Das rechte Maß der Bemühung muß angewandt werden.
4. Ständige und wiederholte Praxis muß aufrechterhalten werden. (Ps. I, 168)

«Vertrauen« bedeutet in diesem Zusammenhang das Fehlen von Zweifeln in Bezug auf das Meditationsobjekt. Es ist Vertrauen in die eigene Fähigkeit, in der Meditation erfolgreich zu sein. »Weisheit« bedeutet das Verstehen des Zwekkes der Meditation. Der Zweck sollte das Erkennen von Körper und Geist (*nāma–rūpa*) sein. Das »rechte Maß der Anstrengung« ist maßvolle Anstrengung. Im Falle der Ruhe–Meditation (z.B. Achtsamkeit auf den Atem) wären im allgemeinen drei Sitzungen von je drei Stunden Dauer genügend Übung für einen Tag, während man bei der Einsichtsmeditation den ganzen Tag über in allen Haltungen meditieren sollte. Mit »wiederholter Praxis« ist das Erwekken einer besonderen Fähigkeit oder einer bestimmten Tendenz gemeint, die durch das wiederholte Verweilen auf einem heilsamen Gedanken hervorgerufen wird.

Um Konzentration zu entwickeln, müssen alle Handlungen – ob wichtig oder unwichtig – mit Achtsamkeit ausgeführt werden. Man sollte einen speziellen Entschluß fassen, alles mit dem rechten Maß von Achtsamkeit zu tun. Wenn jede einzelne Handlung des Meditierenden achtsam ausgeführt wird, werden all seine Handlungen ein bestimmtes Maß von Einheitlichkeit annehmen. Sobald sich diese Gleichmäßigkeit der Achtsamkeit entfaltet, wird auch das Verhalten des Geistes wesentliche Fortschritte machen. Infolge dieser Kraft werden alle Bewegungen des Meditierenden gleichmäßig, ruhig und ausgeglichen sein. Sein Verhalten, der innere Reichtum seiner Tugend wird inspirierend sein.

Am Anfang mag die Aufgabe, Achtsamkeit und Konzentration zu entwickeln, schwierig oder gar unnötig erscheinen. Man könnte sogar dadurch entmutigt werden. Weiß man das im voraus, so sollte man einen festen Entschluß fassen, mit seiner Praxis unbeirrt weiterzumachen. Der Fortschritt eines Meditierenden ist nichts anderes als sein Fortschritt in Achtsamkeit und Konzentration. Wenn man sich ganz am Anfang enthusiastisch daranmacht, Achtsamkeit zu entfalten, und sich ernsthaft bemüht, Achtsamkeit zu benutzen, wird man merken, wie der Geist für Achtsamkeit empfänglich wird, beinahe wie von selbst. Wenn man einmal daran gewöhnt ist, ist man in der Lage, Achtsamkeit ohne Schwierigkeiten zu praktizieren. Man wird dann empfinden, daß Achtsamkeit eine Aktivität ist, die mit der Natur des Geistes völlig harmoniert. Schließlich kann der Meditierende ein Stadium erreichen, wo er Achtsamkeit mühelos praktizieren kann. Nicht nur das, er wird auch entdecken, wie die entfaltete Achtsamkeit in Konzentration mündet. Entwickelt sich die Achtsamkeit, so entwickelt sich dabei ganz natürlich auch die Konzentration. Aber ununterbrochene Bemühung ist nötig, und wenn man ständig Achtsamkeit aufrechterhalten will, muß man auch auf die Unterbrechungen aufpassen, die beim Wechsel der Körperhaltungen vorkommen.

Es gibt vier Körperhaltungen: Sitzen, Stehen, Gehen und Liegen. Bei der Meditation im Sitzen wird der Geist ruhig. Aber beim Aufstehen verlieren manche Meditierende dann diese Ruhe. Ihre Achtsamkeit und Konzentration verschwinden. Wenn sie aufgestanden sind und zu gehen oder auf und ab zu schreiten anfangen, verlieren sie sogar das wenige an Ruhe, das sie beim Stehen hatten. Ihre Achtsamkeit und Konzentration lösen sich noch mehr auf. Aufgrund dieses Versäumnisses, dieses Mangels an kontinuierlicher

Achtsamkeit, macht man keine lohnenden Fortschritte, obwohl man jeden Tag meditiert; man stagniert.

Wenn man dieses ernstliche Hemmnis vermeiden will, sollte man seine Achtsamkeit auf jeden Stellungswechsel lenken. Nehmen wir zum Beispiel das Gehen. Es ist hervorragend geeignet, um die Konzentration zu erwecken. Viele Meditierende finden es einfach, dabei Konzentration zu entwickeln. Angenommen, man hat einen gewissen Grad von Achtsamkeit und Konzentration beim Gehen erreicht. Wenn man sich nun hinsetzen will, sollte man darauf achten, daß man nicht wieder verliert, was man bereits erlangt hat. Man sollte konzentriert die Absicht, sich hinzusetzen, im Geist vermerken: »Hinsetzen wollen«. Dann beim Hinsetzen ebenso vermerken: »Sitzen, Sitzen.« Dadurch sollte man ungemindert, was immer man an Achtsamkeit und Konzentration aufgebaut hat, aufrechterhalten, und die Meditation im Sitzen fortführen. Diese Praxis, sowohl die Absicht als auch den Vorgang des Stellungswechsels geistig zu vermerken, ermöglicht es, Achtsamkeit und Konzentration ohne Unterbrechung beizubehalten.

Bei dem Versuch, Achtsamkeit ständig aufrecht zu erhalten, sollte man die Gefahren bedenken, die durch die Vernachlässigung dieser Praxis entstehen, und die Vorteile, die ihre Entfaltung bewirkt. Achtsamkeit zu entwickeln bedeutet, Wachsamkeit zu entwickeln, die für alle heilsamen Geisteszustände hilfreich ist. Achtsamkeit zu vernachlässigen, bedeutet, unaufmerksam zu werden, was zu allen unheilsamen Geisteszuständen, zum Verderben, führt. Mit diesen Überlegungen sollte man einen festen Entschluß fassen und wirklich versuchen, Achtsamkeit zu entwickeln. Wenn sich Achtsamkeit entfaltet, so entfaltet sich auch Konzentration. Beachtet, daß die Entwicklung von Achtsamkeit und Konzentration »Fortschritt in der Meditation« genannt wird. Erinnert Euch immer an die Worte des Buddha:

> „Wer Achtsamkeit entwickelt hat, dem geht es immer gut; der Achtsame wächst im Glück." (S. I, 208)

Der Meditierende muß immer und unter allen Umständen auf die Anwendung von Achtsamkeit aufpassen. Hier muß besonders betont werden, daß die Vergegenwärtigung der Achtsamkeit auf die Verwirklichung von *Nibbāna* ausgerichtet sein sollte. Achtsamkeit muß in einer Art und Weise entwickelt werden, die wirkungsvoll genug ist, um Einsicht in den überweltlichen Pfad aufsteigen zu lassen. Nur dann kann Achtsamkeit berechtigterweise als »Erleuchtungsfaktor der Achtsamkeit« (*satisambojjhanga*) bezeichnet werden. Solche Achtsamkeit, die auf den Pfad vollkommen abgestimmt ist, führt zu dem Ziel, *Nibbāna* .

Meditation ist ein Kampf mit dem Geist. Es ist eine Schlacht mit den inneren Feinden, den Unreinheiten. Zuerst muß man erkennen, daß diese Feinde, während sie auch unter sich um Vorrang kämpfen, zusätzlich noch im Krieg mit den guten Gedanken liegen. »Liebe« kämpft gegen »Ärger«. »Eifersucht« steht im Bunde mit »Gefahr«. »Gier« tritt als Verbündeter von »Dünkel« und »Ansichten« auf. »Ansichten« und »Dünkel« unterstützen sich gegenseitig, da beide der »Gier« entspringen. Der Meditierende sollte das Wesen dieser Verunreinigungen verstehen. Geistige Unreinheiten sind eine Truppe gewitzter Gegner. Sie verursachen Täuschungen in dem Geist des Meditierenden, sogar, wenn die Meditation schon Fortschritte zeigt. Der Meditierende fühlt sich glücklich. Aber das ist ein Fall von subtiler Irreführung. Aufgrund seiner Selbstzufriedenheit verschlechtert sich die Meditation. Dies ist ein Beispiel, wie sich ein Feind als Freund ausgibt.

Selbsttäuschungen können sogar geschehen, wenn der Meditierende damit beschäftigt ist, etwas geistig zu vermerken. Wenn er zum Beispiel ein schmerzhaftes Gefühl feststellt und diesem Schmerz ein Ende machen will, hat Haß die Chance, sich einzuschleichen. Ebenso kann der Meditierende beim geistigen Vermerken eines begehrenswerten Objektes vielleicht ziemlich saumselig sein. Diese Nachlässigkeit schafft Raum für die sich einschleichende Gier. Tatsächlich vernachlässigt er absichtlich das Vermerken, um seinem Verlangen eine Chance zu geben. Er tut dies, wenn der Gegenstand seiner geistigen Vorstellung angenehm ist. Manchmal vergißt er das Vermerken in solchen Situationen ganz und gar. Der Verlust, der dem Meditierenden daraus erwächst, ist unbeschreiblich groß.

Wenn man es unterläßt, ein Objekt als solches geistig zu vermerken, bedeutet das ein schwerwiegendes Hemmnis für die Entwicklung der meditativen Aufmerksamkeit. Sobald man ein angenehmes Objekt bemerkt, sollte man es zur Kenntnis nehmen und es kategorisch fallenlassen. Sonst beschwört man nur Unheil herauf.

Manchmal bekommt der Meditierende ein geistiges Bild von einer Frau oder einem Mann, die so nahe kommen, als wollten sie einen körperlich berühren. Bei solchen Gelegenheiten muß der Meditierende auf der Hut und achtsam sein, um dies zu erkennen. Es gibt zwei Arten des Vermerkens im Geist:

1. Beim Meditieren hört man ein Geräusch, und wenn es längere Zeit anhält, dann sollte man zwei- oder dreimal feststellen: »Hören« … »Hören«.
2. Beim Meditieren hört man ein Geräusch. Ist es möglich, trotz des Geräusches weiter zu meditieren, so

braucht man es nicht wiederholt zu vermerken, nachdem man es anfangs einmal erkannt hat.

Im Verlauf der Meditation sollte man alles vermerken, was auftaucht. Man sollte es sich zur Gewohnheit werden lassen, alles zu vermerken, was auch immer es sei – groß oder klein, gut oder schlecht. Manchmal entsteht die Tendenz, auf schmerzhafte Gefühle mit Ablehnung zu reagieren. Da dies Raum für Haß schafft, sollte man beim Erkennen dieser Gefühle immer Gleichmut üben. Man sollte sie nicht mit der Vorstellung, sie loswerden zu wollen, belasten. Das Ziel sollte es sein, das Wesen der Erscheinungen zu verstehen, indem man Schmerz nur als Schmerz erkennt. Das gleiche Prinzip gilt für ein erfreuliches Objekt, das ein angenehmes Gefühl zur Folge hat. Hat man *Nibbāna* als einziges Ziel, so sollte man lernen, auf alles mit Gleichmut zu reagieren.

2. Die Stufen der Konzentration

Die Läuterung des Geistes findet statt, wenn der Grad der Konzentration stark genug wird, um die fünf störenden Verunreinigungen, die als die »fünf Hindernisse« (*pañcanīvaraṇā*) bekannt sind, zu unterbinden, nämlich: sinnliches Verlangen (*kāmacchanda*), Böswilligkeit (*vyāpāda*), Trägheit und Lässigkeit (*thīnamiddha*), Aufregung und Reue (*uddhaccakukkucca*), und Zweifel (*vicikicchā*).

Es gibt drei Arten der Konzentration, die als Läuterung des Geistes betrachtet werden können: Angrenzende Konzentration (*upacāra samādhi*), Versenkungskonzentration (*appanā samādhi*) und momentane Konzentration (*khaṇika samādhi*). Die ersten beiden werden durch das Mittel der Ruhe (*samatha*) erreicht, die letztere durch das Mittel der Einsicht (*vipassanā*). Momentane Konzentration besitzt dieselbe Stärke der geistigen Sammlung wie Angrenzende Konzentration. Da sie die zehn Bedingungen, die oben erwähnt wurden (siehe Kapitel II/1), erfüllt und die fünf Hindernisse in Schach hält, hilft sie beim Erlangen von Einsicht. Da sie jedoch nicht unmittelbar als Grundlage für die *jhānas* (meditative Vertiefungen) dient, wird sie nicht Angrenzende Konzentration genannt.

Hier wollen wir das Erlangen der Geistesläuterung durch die Methode der Ruhe–Meditation besprechen. Die vollkommenste Form dieser Läuterung ist die Versenkungskonzentration, die aus acht meditativen Stufen besteht (*aṭṭha samāpatti*): vier Vertiefungen (*jhānas*) und vier unkörperliche Zustände (*āruppas*). Die zwei hauptsächlichen Vorbereitungsstufen, die zu den *jhānas* führen, werden »vorbereitende Arbeit« (*parikamma*) und »Angrenzung« (*upacāra*) genannt.*

Das gewöhnliche Bewußtsein kann nicht ohne weiteres auf ein erhobenes Niveau gebracht, sondern muß allmählich umgewandelt werden. Im Stadium der Vorbereitung muß man lange beim Meditationsobjekt bleiben, bis die spirituellen Fähigkeiten harmonisch auf ein einheitliches Ziel ausgerichtet sind. Wenn die spirituellen Fähigkeiten diese Ausgeglichenheit erreicht haben, sinkt der Geist in die »Angrenzende Sammlung«. Auf dieser Stufe unterbrechen die fünf Hindernisse nicht mehr die kontinuierliche Konzentration. Das ursprüngliche grobe Meditationsobjekt wird durch ein subtiles geistiges Bild, das »Gegenbild« (*paṭibhāga nimitta*) ersetzt.

Während der Angrenzenden Sammlung wird der Geist kraftvoll mit dem Meditationsobjekt vereint. Wenn der Geist

---

* Siehe Anhang 3.

sozusagen in dem Objekt versinkt, so kündigt dies das Entstehen des *jhāna*–Bewußtseins an, das mit Vertiefung bezeichnet wird. Bei der Rückschau auf die erste *jhāna* entdeckt man, daß sie aus fünf verschiedenen Komponenten besteht, die »*jhāna*–Faktoren« genannt werden, nämlich: Anfängliches Hinwenden (*vitakka*), Anhaltende Sammlung (*vicāra*), Entzücken (*pīti*), Glückseligkeit (*sukha*) und Einspitzigkeit (*ekaggatä*).

Man sollte jedoch nicht gleich anfangen, sich mit dem Rückblick auf die *jhāna*–Faktoren zu beschäftigen, sobald man die *jhāna* erreicht hat. Für den Anfang ist es ratsam, nur fünf Minuten in der *jhāna* zu verweilen und dann herauszukommen. Selbst das muß mit dem entsprechenden Vorsatz geschehen: „Ich werde für fünf Minuten die erste *jhāna* erreichen und nach fünf Minuten herauskommen." Mit einem so formulierten Entschluß sollte man viele Male aus der *jhāna* herauskommen und wieder hineingehen. Diese Art Übung ist nötig, da die Gefahr besteht, daß ein Anfänger, der zu lange in der *jhāna* versunken bleibt, übermäßiges Anhaften daran entwickelt. Diese elementare Übung ist gleichzeitig ein gutes Training, um das Erreichen und das Verlassen einer *jhāna* zu meistern.*

Um jede mögliche Ablenkung zu verhüten und die erreichte *jhāna* zu festigen, sollte der Anfänger, so oft er kann, seine Zeit damit verbringen, in diese *jhāna* hinein– und herauszugehen. Aber jedes Mal sollte er einen neuen Vorsatz über die Dauer der *jhāna* fassen. Die Zeitspanne kann allmählich verlängert werden. Es gibt keine Beschränkungen, wie oft dies geübt werden soll. Der Zweck dieser Praxis ist

---

* Fünf Arten der Meisterschaft: 1) Aufmerken, 2) Erreichen, 3) Bestimmen, 4) Herauskommen, 5) Rückblick.

die Beherrschung des Hineingehens und Herauskommens aus der *jhāna*. Die Meisterung kann als vollkommen betrachtet werden, wenn man in der Lage ist, genau so viele Minuten in der *jhāna* zu verweilen, wie man sich vorgenommen hatte, und zu der im voraus festgelegten Zeit herauszukommen.

Wenn diese zweifache Beherrschung vollständig ist, sollte man sich bemühen, das Aufmerken und den Rückblick zu meistern. Zuerst sollte man das Aufmerken üben, da es einem ermöglicht, die *jhāna*–Faktoren einzeln zu betrachten. Dann kann man das Rekapitulieren üben, das eine Art Betrachtung der Eigenschaft dieser *jhāna*–Faktoren ist. Da es unmöglich ist, die *jhāna*–Faktoren zu betrachten, wenn man in der *jhāna* ist, soll man dies nur dann tun, nachdem man herausgekommen ist. Auf der Stufe der ersten *jhāna* sind die hauptsächlichen Komponenten die folgenden, fünf geistigen Faktoren: Anfängliche Hinwendung, Anhaltende Sammlung, Entzücken, Glückseligkeit und Einspitzigkeit. Wenn diese Faktoren nicht klar unterscheidbar sind, sollte der Meditierende wiederholt in die *jhāna* hinein– und herausgehen und immer wieder Rückschau halten.

»Anfängliches Hinwenden« (*vitakka*) ist das Ausrichten des Geistes zum Meditationsobjekt, das »Hineinfallen« des Geistes in das Objekt. »Anhaltende Sammlung« (*vicāra*) ist das fortgesetzte Arbeiten des Geistes mit demselben Objekt. Der Unterschied zwischen diesen beiden wird auf dieser Stufe klar erkennbar, aufgrund der Reinheit des *jhāna*–Bewußtseins. Auch die drei weiteren Faktoren: Entzücken, Glückseligkeit und Einspitzigkeit werden vor dem geistigen Auge noch viel klarer erscheinen.

Der Geist sollte mehrmals auf diese drei Faktoren in auf– und absteigender Reihenfolge gerichtet werden, um ihre

Eigenschaften zu untersuchen. Auf diese Art und Weise erfüllt man die Erfordernisse des Aufmerkens und der Rekapitulation. Im Verlauf der Untersuchung der *jhāna*–Faktoren in auf– und absteigender Reihenfolge vervollkommnet man die Beherrschung des Hineingehens und Herauskommens aus der *jhāna*.

Untersucht man die *jhāna*–Faktoren in dieser Weise, um das Aufmerken und Rekapitulieren zu meistern, so werden manche Faktoren als grob erscheinen, da sie eine Neigung zu den Hindernissen haben. Dann wird man spüren, daß es einem ohne diese groben Faktoren besser gehen würde. Zu diesem Zeitpunkt sollte man den folgenden Entschluß fassen, um die zweite *jhāna* zu erlangen:„Möge ich die zweite *jhāna* erlangen, die von den beiden Faktoren des anfänglichen und anhaltenden Hinwendens frei ist und aus den drei Faktoren Entzücken, Glückseligkeit und Einspitzigkeit besteht."*

Nachdem dieser Entschluß gefaßt worden ist, konzentriert sich der Meditierende wieder auf das Gegenbild. Wenn seine Fähigkeiten reifen, durchläuft er alle vorausgehenden Stufen und erreicht die Vertiefung der zweiten *jhāna*, die von der Anstrengung der Hinwendung und der Anhaltenden Sammlung frei und von reiner Freude, Glückseligkeit

---

*Hier in unserer Erklärung halten wir uns an das System der Lehrreden. Einigen Meditierenden erscheint aber nur das »Anfängliche Hinwenden« als grob, während anderen das »Anfängliche und anhaltende Hinwenden« gleichermaßen grob erscheinen. Dieser Unterschied in der Beurteilung hängt von Meditationserfahrungen in früheren Leben ab. Die Unterscheidung zwischen der vierfachen Einteilung der *jhānas* in den Lehrreden und der fünffachen Einteilung im Abhidhamma trägt dieser Tatsache Rechnung. So wird die zweite in der vierfachen Aufzählung, die zweite und dritte in der fünffachen Aufzählung, indem sie zweigeteilt wird. Und die dritte und vierte in der ersten Aufzählung werden die vierte und fünfte in der Abhidhamma Einteilung. Die erste bleibt in beiden Fällen die erste. (P.P., 176).

und Einspitzigkeit erfüllt ist. Genau wie im Falle der ersten *jhāna* muß er auch hier die fünffache Meisterung üben, aber diesmal geht die Arbeit leichter und schneller vonstatten.

Nachdem er die zweite *jhāna* gemeistert hat, kann der Meditierende den Weg der Ruhe weitergehen. Er erkennt, daß das Entzücken (*pīti*) der zweiten *jhāna* auch noch grob ist, und daß es darüber hinaus eine dritte *jhāna* gibt, die nur Glückseligkeit und Einspitzigkeit enthält. Er faßt den Entschluß, nimmt die Übung auf sich und erlangt sie, falls er dazu fähig ist. Nachdem er diese *jhāna* auf die fünf Arten gemeistert hat, erkennt er, daß Glückseligkeit auch grob ist und strebt das Erreichen der vierten *jhāna* an, in der das glückselige Gefühl durch ein gleichmütiges Gefühl ersetzt wird, das friedvoller und erhabener ist. Wenn seine Praxis heranreift, tritt er in diese *jhāna* ein, vervollkommnet sie und hält Rückschau auf sie.

Jenseits der vierten *jhāna* liegen vier höhere Bewußtseinsebenen, die die »unkörperlichen Vertiefungen« oder »unkörperlichen *jhānas*« genannt werden, in denen sogar die feinkörperliche Form der *jhānas* fehlt. Diese Zustände heißen: das Raum–Unendlichkeitsgebiet (*ākāsānañcāyatana*), das Bewußtseins–Unendlichkeitsgebiet (*viññāṇañcāyatana*), das Nichtsheit–Gebiet (*ākiñcaññāyatana*) und das Weder–Wahrnehmung–noch–Nichtwahrnehmung–Gebiet (n`eva saññānāsaññāyatana). Diese Zustände werden durch das Vervollkommnen der Konzentrationskraft erlangt und zwar nicht durch das Verfeinern der Geistesfaktoren, sondern durch das Trainieren des Geistes im Erfassen von zunehmend feineren Objekten der Aufmerksamkeit.

Kapitel III
Läuterung der Ansicht
(*diṭṭhivisuddhi*)

Die Läuterung des Geistes wird durch das Ausschalten der fünf Hindernisse mittels der Entwicklung der Konzentration erreicht. Dies kann sowohl durch die Gemütsruhe als auch durch die Einsicht geschehen. Der Meditierende auf dem Weg der Ruhe zielt auf das Erlangen von Angrenzender Sammlung oder der Versenkungskonzentration hin, die die acht Stufen der Vertiefung betreffen: die vier *jhānas* und die vier unkörperlichen Zustände. Der Weg der Einsicht ist auf das Erlangen momentaner Sammlung durch das achtsame Betrachten veränderlicher Erscheinungen ausgerichtet. Wenn die Läuterung des Geistes erreicht und der Geist konzentriert ist, dann ist der Meditierende für die Einsichtsmeditation (*vipassanā bhāvanā*) bereit, um Weisheit (*paññā*) zu entwickeln.

Die erste Stufe der Einsichtsmeditation wird »Läuterung der Ansicht« genannt. Diese Läuterung besteht darin, Einsicht in Körper und Geist (*nāmarūpa*) zu bekommen, indem man das Meditationsobjekt als Ausgangspunkt benutzt. Der Aspekt »Materie« (*rūpa*) umfaßt hier die körperliche Seite der Existenz, die Anhäufungsgruppe der körperlichen Form. Der Aspekt »Geist« (*nāma*) umfaßt die geistige Seite der Existenz, die vier geistigen Anhäufungsgruppen von Gefühl, Wahrnehmung, Geistesformationen und Bewußtsein. Die Läuterung der Ansicht ist erreicht, wenn der Meditierende fortfährt, sein Meditationsobjekt mit gesammeltem Geist zu betrachten, der mit den sechs Läuterungen und den vier

Bedingungen in Bezug auf die Entfaltung der spirituellen Fähigkeiten ausgerüstet ist. (Siehe S. 84–87)

Nun scheint ihm das Meditationsobjekt aus zwei funktionell unterscheidbaren Teilen (aus Geist und Materie) zu bestehen, anstatt daß es eine Einheit bildet. Diese Läuterung hat ihren Namen daher, weil sie ein Fallenlassen von spekulativen Ansichten bezeichnet, an deren erster Stelle der Persönlichkeitsglaube steht*. Die angewandte Methode ist eine Folge von Erkenntnissen, die »Aufgeben durch Ersetzen mit dem Gegenteil« (*tadaṅgappahāna*) genannt wird. Dieses »Ersetzen mit dem Gegenteil« ist ein Aufgeben jeglicher Zustände, die man mittels bestimmter Erkenntnisse loslassen kann, da sie als ein Bestandteil von Einsicht diesen Zuständen entgegengesetzt sind. Es ist mit einem Licht, das die Dunkelheit der Nacht verschwinden läßt, zu vergleichen. (Siehe P.P., 813 ff.)

Bei der Entfaltung der Einsichtsmeditation gibt es sechzehn Arten der Einsicht, die nacheinander erworben werden müssen:

1. Einsicht in die Abgrenzung von Geist und Körper. (*nāmarūpaparicchedañāṇa*)
2. Einsicht durch Wahrnehmung von Ursache und Bedingung. (*paccayapariggahañāṇa*)
3. Einsicht durch Verständnis. (*sammasanañāṇa*)

---

* *sakkāyadiṭṭhi*. Die falsche Persönlichkeitsansicht ist die Ansicht von einem wirklich existierenden Selbst, das mit den fünf Daseinsgruppen zusammenhängt. Es nimmt zwanzig Formen an, abhängig davon, ob die Daseinsgruppen (Gestalt, Gefühl, Wahrnehmung, Geistesformationen und Bewußtsein), als mit dem Selbst identisch, zum Selbst gehörend, das Selbst enthaltend oder das Selbst umfassend, angesehen werden.

4. Einsicht durch Kontemplation des Entstehens und Vergehens. (*udayabbayānupassanāñāṇa*)
5. Einsicht durch Kontemplation der Auflösung. (*bhangānupassanāñāṇa*)
6. Einsicht durch Kontemplation des Daseins als Schrekken. (*bhay'upaṭṭhānañāṇa*)
7. Einsicht durch Kontemplation der Gefahr. (*ādīnavānupassanāñāṇa*)
8. Einsicht durch Kontemplation der Ernüchterung. (*nibbidānupassanāñāṇa*)
9. Einsicht durch den Wunsch nach Erlösung. (*muñcitukamyatāñāṇa*)
10. Einsicht durch Kontemplation der Erwägung. (*paṭisankhānupassanāñāṇa*)
11. Einsicht durch Gleichmut hinsichtlich der Daseinsgebilde. (*sankhār'upekkhāñāṇa*)
12. Einsicht in Übereinstimmung mit der Wahrheit. (*saccānulomikañāṇa*)
13. Reife–Erkenntnis. (*gothrabhūñāṇa*)
14. Einsicht in den Pfad–Moment. (*maggañāṇa*)
15. Einsicht in den Frucht–Moment. (*phalañāṇa*)
16. Rückblick–Erkenntnis. (*paccavekkhaṇañāṇa*)

Die Folge der Einsichten entsteht, wenn der beständig konzentrierte Geist auf das Meditationsobjekt gerichtet bleibt. Die erste Einsicht, die aufsteigt, die Erkenntnis, daß Geist und Körper getrennt sind, wird mit dem Vervollkommnen der ersten drei Läuterungen (d.h. Läuterung der Tugend, Läuterung des Geistes und Läuterung der Ansicht) erreicht. Durch das Reifen dieser ersten Erkenntnis auf drei Arten – innerlich, äußerlich und beides zusammen – wird die »Läuterung der Ansicht« vollendet. Die »Läuterung der Ansicht« ist durch die Erkenntnis der Trennung von Körper und Geist bedingt, und wird durch diese Einsicht erreicht. Aber bis jetzt sind die eigentlichen Einsichtserkenntnisse (*vipassanāñāṇa*) noch nicht aufgestiegen. Die Einsichtserkenntnisse sind zehn an der Zahl und gehen von der »Einsicht durch Verständnis« bis zur »Einsicht in Übereinstimmung mit der Wahrheit«. Sie sind auf der »Läuterung der Ansicht« und der »Läuterung durch das Überwinden des Zweifels« gegründet, die ihrerseits auf den zwei Wurzeln, der »Läuterung der Tugend« und der »Läuterung des Geistes« beruhen.

Um die Einsicht zu bekommen, daß Körper und Geist zweierlei sind, richtet der Meditierende, nachdem sein Geist erfolgreich durch die Übung der Konzentration geläutert ist, seine Achtsamkeit auf das Meditationsobjekt, das entweder Haare, Skelett, Heben und Senken der Bauchdecke (d.h. das Windelement als fühlbares Betrachtungsobjekt) oder die Atembetrachtung sein können. Während er bei diesem Meditationsobjekt bleibt, beginnt er zu verstehen, daß es aus zwei Aspekten besteht, – dem körperlichen und dem geistigen –, die zusammen »Körper und Geist« (*nāmarūpa*) genannt werden.

Grundsätzlich wird man sich zuerst der Teile bewußt, die mit dem körperlichen Aspekt des Meditationsobjektes verbunden sind. Diejenigen Teile, die zum geistigen Aspekt gehören, ziehen die Achtsamkeit erst später auf sich. Aber manchmal werden der körperliche und der geistige Aspekt für einen Meditierenden gleichzeitig offenbar. Der Meditierende kann sogar empfinden, daß das Meditationsobjekt seinen Geist tatsächlich beeinflußt. Zum Beispiel gehört das Einatmen und Ausatmen bei der Atembetrachtung zum »Körper«, während die Wahrnehmung davon zum »Geist« zählt. Normalerweise trifft der Atem beim Ein– und Ausatmen auf die Nasenspitze oder die Oberlippe. Der Meditierende soll seine Achtsamkeit nur auf das Geschehen des Ein– und Ausatmens richten. Er sollte den Atem nicht in den Körper hinein oder aus dem Körper heraus verfolgen, nicht darüber nachdenken, was aus ihm wird, weil dies die Konzentration stört. Wenn der Meditierende fortfährt, seinen ruhigen Geist auf den Berührungskontakt mit der Luft, die ein– und ausgeatmet wird, zu richten (d.h. entweder an der Nasenspitze oder an der Oberlippe) bekommt er das Gefühl, als gehe der Geist auf das Meditationsobjekt zu und träfe es. Dies passiert auf einer fortgeschrittenen Stufe seiner Meditation, wenn ihm der Unterschied zwischen Körper und Geist bewußt wird. Der Geist hat von Natur aus die Eigenschaft, sich einem Objekt zuzuneigen oder auf es zuzuspringen. Zuerst erscheint jedes Ein– und Ausatmen als eine geschlossene Einheit. Später beginnt man zu verstehen, daß der Atem eine Folge oder »Anhäufung« ist. Das ist die Abgrenzung der Materie. Dann versteht man das Bewußtsein des Atmens als eine Folge oder »Anhäufung« von einzelnen Geistes–Momenten, von denen jeder eine »Anhäufung« oder Menge von vielen geistigen Faktoren ist. Das ist die Abgrenzung des Geistes. Wenn man Geist und Körper als Anhäufungen verstehen kann, bringt dies notwendigerweise die Fähigkeit, eines von dem anderen zu unterscheiden, mit sich, da eine »Anhäufung« als eine »Gruppe von Dingen, die aufeinanderliegen« zu definieren ist.

Dies ist das vorbereitende Stadium der Einsicht, daß Körper und Geist voneinander getrennt sind. Zuerst ist das Verständnis auf das Meditationsobjekt begrenzt. Später verbreitet es sich zu den anderen Körperteilen, die mit dem Meditationsobjekt verbunden sind, bis es schließlich den ganzen Körper durchdringt. Noch später erweitert sich diese Einsicht nach außen zu anderen Wesen und leblosen Dingen, so daß die vollkommene Erkenntnis dreifach ist: innerlich, äußerlich, und beides zusammen.

Kapitel IV

Läuterung durch das Überwinden des Zweifels

(kankhāvitaraṇavisuddhi)

Zu Lebzeiten des Buddha gab es Asketen, die skeptischen Zweifel hinsichtlich des Lebens erörterten: »Wo ist dieses Wesen hergekommen?«, »Was ist sein Schicksal?« etc. Sogar unter denen, die sich an frühere Leben erinnern konnten, gab es einige, die abwegige, spekulative Theorien entwickelten. Manche, die Wiedererinnerung erlangt hatten und eine begrenzte Anzahl von vergangenen Leben sehen konnten, entwickelten zahlreiche spekulative Ansichten über die Vergangenheit, die aber jenseits ihrer Kenntnis lag. So gab es Theorien über eine Seele und einen Schöpfer–Gott, sowie Ansichten, die Kausalität und Bedingtheit leugneten. Infolge dieser Vielfalt von Ansichten steigt skeptischer Zweifel auf, wie bei jemandem, der an einer Kreuzung angelangt ist, und dabei ein Schwanken im Geist verspürt. Die spekulativen Ansichten dienen nur dazu, diesen Zweifel aufrechtzuerhalten.

Diese nicht–buddhistischen Asketen hatten weder Einsicht in die Trennung von Körper und Geist noch »Läuterung durch die Überwindung des Zweifels«. Sie hatten die *jhānas* erlangt, und legten ihren Gedanken die Theorie der Seele zugrunde. Durch mangelhaftes Verständnis deuteten sie ihre meditativen Erlebnisse falsch und verfingen sich in Zweifeln und falschen Ansichten.

Um sich von allen Zweifeln über Wesen und Struktur der Existenz zu befreien, ist es nötig, das Gesetz von Ursache und Wirkung zu verstehen, das der Buddha der Welt klar dargelegt hat. Dieses Verstehen wird »Einsicht durch Wahrnehmung von Ursache und Bedingung« genannt (*paccayapariggahañāṇa*). Durch das Reifen dieser Einsicht wird die »Läuterung durch das Überwinden des Zweifels« zum Abschluß gebracht. So wird die zweite Einsicht im Verlauf des Erlangens der vierten Läuterung erworben. Diese »Einsicht durch Wahrnehmung von Ursache und Bedingung« ist auch als »Einsicht in die Dinge, wie sie sind« (*yathābhūtañāṇa*) bekannt und als »Rechte Schau« (*sammādassana*), und »Einsicht in den Zusammenhang aller Erscheinungen« (*dhammaṭṭhitiñāṇa*). Manche, die in vergangenen Leben schon mit Einsichtsmeditation Erfahrungen gemacht haben, können Ursache und Bedingung sofort zusammen mit der Einsicht in Körper und Geist erkennen.

Infolge der Läuterung seiner Ansicht geht der Meditierende über die Wahrnehmung eines »Wesens« oder einer »Person« hinaus. Schreitet er weiter fort zur »Läuterung durch das Überwinden des Zweifels«, beginnt er zu verstehen, daß Bewußtsein immer in Abhängigkeit von einem bestimmten Sinnesvermögen und Sinnesobjekt entsteht, daß es abstrakt kein Bewußtsein gibt. Wie der Buddha sagt:

> „So wie, ihr Mönche, ein Feuer unter verschiedenen Bedingungen entfacht werden kann, wird es aufgrund dieser Bedingung erklärt, d.h. ein Feuer, das von Holzscheiten abhängig brennt, wird als »Holz–Feuer« bezeichnet; ein Feuer, das durch Reisig entfacht wurde, wird »Reisig–Feuer« genannt; ein Feuer, das von Gras abhängig brennt, wird als »Gras–Feuer« bezeichnet; ein Feuer, das Kuhmist zur Grundlage hat, wird als »Kuhmist–Feuer« angesehen; ein Feuer, das durch Abfall entzündet wurde, wird »Abfall–Feuer« genannt. Genau so, ihr Mönche, wird das

Bewußtsein in Anhängigkeit von seiner Entstehung erklärt. Das Bewußtsein, das abhängig von Auge und Formen entsteht, wird als »Seh–Bewußtsein« bezeichnet; das Bewußtsein, das abhängig von Ohr und Geräusch entsteht, wird »Hör–Bewußtsein« genannt; das Bewußtsein, das abhängig von Nase und Geruch entsteht, wird als »RiechBewußtsein« erklärt; das Bewußtsein, das abhängig von Zunge und Geschmack entsteht, wird als »Schmeck–Bewußtsein« bezeichnet; das Bewußtsein, das abhängig von Körper und Berührungen entsteht, wird als »Körper–Bewußtsein« erklärt; das Bewußtsein, das abhängig von Geist und Ideen entsteht, wird als »Geistes–Bewußtsein« bezeichnet." (M. I, S.259 ff.; Mahātaṇhāsamkhaya Sutta)

Folglich versteht der Meditierende, daß das Seh–Bewußtsein durch Auge und Seh–Objekt aufsteigt und daß infolge des Augenkontaktes Gefühl, Wahrnehmung, Wille und Gedanken aufsteigen. Dies ist ein zweifaches Verstehen, weil es Gedanken, Gefühle und Wahrnehmungen und ihre Ursachen usw. betrifft. Auf dieser Stufe hat er den Eindruck, daß es kein »Ich« oder keine »Person«, abgesehen von den vier Kategorien – Geist und dessen Ursache und Körper und dessen Ursache – gibt. Das Heben und Senken der Bauchdecke erscheint ihm nun als eine Anhäufung des Wind–Elements. Er erkennt das Erd–Element durch den Berührungskontakt an der Nasenspitze, sowie das Wasser–Element, das damit verbunden ist. Durch die Empfindung von Wärme und Kälte erkennt er das Feuer–Element. Da nun der Geist von den Hindernissen frei ist, gibt es reichlich Entfaltungsmöglichkeiten für Weisheit. Er versteht, daß auch Materie durch eine Ursache entsteht. Wenn der Meditierende weise genug ist, wird er auch verstehen, daß diese Geburt durch Handlungen (*kamma*) in der Vergangenheit verursacht wurde und daß sie das Ergebnis von Begierde, Unwissenheit und Anhaften ist. Was immer für ein Wesen er auch sieht, so ist es für ihn nur ein weiteres Beispiel von den vier Kategorien: Geist und seiner Ursache und Körper und seiner Ursache.

Auf dieser Stufe muß man Achtsamkeit und volle Bewußtheit verstärken. Bei jedem Stellungswechsel sollte man die Handlung geistig vermerken und auch die Absicht, die diese Handlung veranlaßt hat. Das geistige Vermerken sollte auch immer den vorangegangenen Gedanken erfassen:

1. »Absicht zu stehen … Absicht zu stehen."
2. »Stehen … Stehen«.

Diese Methode des geistigen Vermerkens von Ursache und Wirkung ist hilfreich, um die Beziehung zwischen Ursache und Wirkung zu verstehen. Die Voraussetzung, die für die Einsicht in Ursache und Bedingung notwendig ist, ist darin bereits enthalten. Der Meditierende kommt allmählich zu dem Verständnis, daß der Gedanke das Ergebnis und das Objekt die Ursache ist. »Weil es ein Geräusch gibt, steigt ein Gedanke an Hören (ein Hör–Bewußtsein) auf …«.

Wenn er ohne Unterbrechung damit fortfährt, alles geistig zu etikettieren, wird ein geschickter Meditierender sogar merken, daß sein Registrieren automatisch geschieht. Es ist nicht nötig, eine besondere Anstrengung zu machen, um die Geistesformationen auf diese Weise besser zu verstehen. Man sollte vielmehr verstehen, wie und wann sie kommen. Jeder bewußte Versuch, diesen Vorgang zu beschleunigen, würde nur den Geist vom Konzentrationsobjekt ablenken und so die Kraft des Verstehens behindern. Wenn der Meditierende im Dhamma belesen ist, wird er durch das Reflektieren im Lichte des Dhamma schneller zu Einsicht kommen können. Jemand, der nicht so belesen ist, wird mehr Zeit zum Verstehen brauchen.

Manche Meditierende erlangen die Einsicht betreffs des Ablaufs der Gedanken gleich am Anfang. Ein Meditierender, der im Reflektieren über das Dhamma fortgeschritten ist, kann diese Einsicht während des Meditierens erwecken, wenn er schon die »Läuterung des Geistes« erlangt hat. Diese Art Einsicht wird das »Erkennen von Körper und Geist« zusammen mit »Ursache und Bedingung« genannt. Das bedeutet »Geist« und »Körper« werden zusammen mit ihren »Ursachen und Bedingungen« verstanden, so daß das »Erkennen von Körper und Geist« und das »Erkennen von Ursache und Bedingung« gleichzeitig aufsteigen. Durch das Entfalten dieser Einsicht wird die »Läuterung durch das Überwinden des Zweifels« erlangt.

Wenn man die Stufe der »Läuterung durch das Überwinden des Zweifels« erreicht hat, versteht man klar und deutlich die drei Phasen des Kreislaufs des Werdeprozesses: den »Zyklus der Befleckungen«, den »Zyklus der Handlungen« und den »Zyklus der Resultate«:

> „Der Zyklus der Befleckungen« (*kilesavaṭṭa*) beinhaltet die verunreinigenden Tendenzen des Geistes, sowie Verblendung, Begehren, spekulative Ansichten und Anhaften."
>
> „Der Kreislauf der Handlungen« (*kammavaṭṭa*) ist der funktionelle Aspekt dieser Verunreinigungen, das heißt aller Handlungen, sowohl heilsamer wie unheilsamer."
>
> „Der Kreislauf der Resultate« (*vipākavaṭṭa*) besteht aus den angenehmen und schmerzlichen Resultaten dieser Handlungen."

Diese Einsicht ist nicht auf Annahmen gegründet. Sie widerfährt dem Meditierenden als ein unbezweifelbares Erlebnis. Obwohl auf dieser Stufe wirkliche Einsicht noch nicht vollständig erlangt ist, besitzt der Geist große Stärke. Dies ist eine Stufe mit besonderer Bedeutung, weil der Meditierende, der so weit gekommen ist, ein »Kleiner Stromeingetretener« (*culla–sotāpanna*) wird. Wenn er dieses Erkennen der Bedingtheit bis zu seinem Tode in sich bewahrt, unbeeinträchtigt von Zweifeln und Wanken, dann wird er im nächsten Leben bestimmt nicht in den vier niederen Welten wiedergeboren: in den Höllen, der Welt der hungrigen Geister (*petas*), dem Tierreich und auf der Ebene der Titanen (*asuras*).

Für jemanden, der die fünf »Höheren Geisteskräfte« (*abhiññā*) (1. Magische Kräfte, 2. Himmlisches Gehör, 3. Durchschauen der Herzen anderer, 4. Rückerinnerung an frühere Leben und 5. Erkennen des Todes und der Wiedergeburt anderer Wesen) besitzt, ist es manchmal auf dieser Stufe möglich, vergangene Leben mit ihren Ursachen und Bedingungen zu sehen. Manchen Meditierenden werden sogar die Funktionen der inneren Körperorgane sichtbar. Manchen steigen Kindheitserlebnisse auf. Jemand, der nicht die »Höheren Geisteskräfte« hat, kann auch Erinnerungen an die Kindheit und vergangene Leben erwecken, wenn er in Meditation vertieft ist und sich nicht um weltliche Angelegenheiten und unwesentliche Gedanken kümmert.

Saṁsāra, der sich wiederholende Kreislauf von Geburt und Tod, wird durch spekulative Ansichten und skeptische Zweifel fortwährend in Bewegung gehalten. Mit der »Läuterung der Ansicht« erlangt der Geist Reinheit, indem er sich von spekulativen Ansichten befreit. Mit der »Läuterung durch das Überwinden des Zweifels« wird der Geist durch die Beseitigung der skeptischen Zweifel rein. Das Aufgeben von Ansichten und skeptischen Zweifeln geschieht auf dieser Stufe nur durch das »Ersetzen mit dem Gegenteil« (*tadaṅgappahāna*). Das »Aufgeben durch das Ersetzen mit dem Gegenteil« ist das Aufgeben eines unheilsamen Gedankens durch das Entwickeln eines entgegengesetzten heilsamen

Gedankens; es kann mit dem Vertreiben der Dunkelheit durch das Anzünden einer Lampe verglichen werden. Das »Aufgeben durch Zurückdrängen« (*vikkhambhanappahāna*), das durch die Ruhe–Meditation geschieht, ist wirkungsvoller. Durch diese Methode kann man manchmal die fünf Hindernisse sogar für lange Zeit ausschalten. Das »Aufgeben durch Vernichtung« (*samucchedappahāna*), durch die überweltlichen Pfad–Momente, entwurzelt die Verunreinigungen samt ihren unterschwelligen Tendenzen, so daß sie nie wieder aufkommen können.

Bei Einsichtsmeditation bestehen die unterschwelligen Neigungen zu spekulativen Ansichten und skeptischem Zweifel weiterhin. Sie werden nur beim Stromeintritt vollständig aufgegeben. Das Vernichten der unterschwelligen Strömungen der Befleckungen, so daß sie nie wieder aufsteigen, ist eine unverkennbare Eigenschaft der überweltlichen Ebene.

Der Meditierende, der sich darum bemüht, Tugend, Konzentration und Weisheit zu kultivieren, sollte seine Aufgabe genauso achtsam ausüben, wie ein Bauer sein Feld mit Sorgfalt bestellt. Was heute getan werden muß, darf nicht auf morgen verschoben werden: »Aufschieben ist der Dieb der Zeit«. Das erste, was einem Meditierenden Schwierigkeiten macht, sind seine eigenen Gedanken. Der nächste »Störenfried« ist Schmerz. Um Gedanken zu bekämpfen, muß man sie gewissenhaft etikettieren. Wenn der Geist sich vom Meditationsobjekt zu entfernen versucht und abirrt, soll man feststellen: »Geist schweift ab, Geist schweift ab«.Wenn man den Tag über mit dem Etikettieren fortfährt, kann man sich in großem Maße abschweifende Gedanken abgewöhnen. Aber Schmerz ist ein weitaus mächtigerer Feind. Anfangs stören Gedanken und Schmerz den Meditierenden, aber wenn die Meditation Fortschritte macht, erscheint der Schmerz als die ärgere Plage. Trotzdem zeigt die Erfahrung, daß man, wenn die Meditation gut fortschreitet, sogar über starke Schmerzen hinwegkommen kann, die früher unüberwindbar schienen. Daher sollte man, wenn man das Geheimnis des Erfolgs richtig versteht, einen festen Entschluß fassen, so wie: »Ich werde nicht von diesem Sitz aufstehen, selbst wenn meine Knochen zerbrechen und die Gelenke auseinanderfallen.«*

Dann wird sich der ganze Körper abkühlen, der Schmerz wird abklingen, und man wird längere Zeit sitzen können. Von diesem Tag an wird man entdecken, daß man die Fähigkeit hat, längere Perioden ohne Schmerz zu meditieren. Ein Meditierender muß das rechte Maß an Mut aufbringen, um den Schmerz zu überwinden, indem er denkt: „Dies bißchen Leiden ist nicht so bedrückend wie das Leiden in der Hölle". Oder: »Laß' mich etwas Schmerz erleiden, um der höchsten Seligkeit des *Nibbānas* willen.« Ein Beispiel ist der Ehrw. Lomasanāga Thera, der schneidende Kälte und sengende Hitze aushielt. Als er sich einmal in der Meditationshalle in der Piyanga Höhle in Cetiyapabbata aufhielt, verbrachte er Winternächte unter freiem Himmel und betrachtete die Leiden in den verschiedenen Höllenbereichen, ohne sein Meditationsobjekt zu verlieren. Und auch im Sommer saß er den ganzen Tag im Freien, bedacht auf sein Meditationsobjekt. Als einer seiner Schüler zu ihm sagte: „Ehrwürdiger Meister, hier ist ein kühler Platz. Bitte kommt und setzt Euch hierhin," antwortete er: „Mein Freund, gerade

* *»kāmaṁ bhijjatu'yaṁ kāyo–maṁsapesī visīyaruṁ ubho jaṇṇuka–sandhīhi–janghāyo papatantu me.«* »Laß' diesen Körper zerfallen, wenn es sein muß; laß' Fleischklumpen zerstreut herumliegen; laß' die Schienbeine von den Kniegelenken abfallen«. (Thag., V.312;Muditatthera)

weil ich die Hitze fürchte, habe ich mich hierher gesetzt." Und er saß weiter dort und betrachtete die brennende Hitze in der Avici–Hölle.

Während ein Meditierender sich bei der Einsichtsmeditation Teilen der Daseinsgebilde zuwendet, hat er manchmal Erlebnisse, die ihm die wahre Natur der Gebilde eröffnen. Während er in Meditation sitzt, wird sein ganzer Körper steif. So wird das Erd–Element fühlbar. Er bekommt brennende Empfindungen an den Berührungspunkten. Dies ist eine Manifestation des Feuer–Elements. Er ist tropfnaß von Schweiß. Dies ist eine Veranschaulichung des Wasser–Elements. Es fühlt sich an, als würde sein Körper verrenkt. Dabei ist das Wind–Element am Werk. Dies sind nur Beispiele für die vier Elemente, die sich melden: „Hier sind wir!" Der Meditierende muß diese Sprache der vier Elemente verstehen.

* * *

Kapitel V

Läuterung durch den Erkenntnisblick von Pfad und Nicht–Pfad

(maggāmaggañāṇadassanavisuddhi)

Das Verstehen des Unterschieds zwischen dem direkten Pfad und seinem Trugbild, dem irreführenden Pfad, gilt als die »Läuterung durch den Erkenntnisblick von Pfad und Nicht–Pfad«. Wenn der Meditierende auf dieser Stufe ankommt, hat er schon vier Stufen der Läuterung durchschritten. Es ist erwähnenswert, daß von den sieben Läuterungen, die letzten drei (d.h. Läuterung durch den Erkenntnisblick von Pfad und Nicht–Pfad, Läuterung durch den Erkenntnisblick des Pfades und Läuterung durch den Erkenntnisblick) die Qualifikation »Erkenntnisblick« haben, wogegen bei den ersten vier dieser Ausdruck fehlt. Demnach kann die »Läuterung durch den Erkenntnisblick von Pfad und Nicht–Pfad« als bedeutsamer Wendepunkt in der aufsteigenden Folge der Läuterungen und Einsichten betrachtet werden.

Wenn der Meditierende diese »Läuterung durch den Erkenntnisblick von Pfad und Nicht–Pfad« erreicht, hat er einen bestimmten Grad der Klarheit infolge seiner »Läuterung durch das Überwinden des Zweifels« gewonnen. Da er behindernde Ansichten und Zweifel eliminiert hat, ist seine Konzentration schärfer denn je. Seine Konzentration hat jetzt Reife erlangt. Sein Geist ist kraftvoll und voller Energie. Er versteht das Wesen der Erscheinungen, das sich für ihn als Körper und Geist manifestiert, zusammen mit den jeweiligen Ursachen und Bedingungen.

Er hat auch noch zwei weitere, wichtige Vorteile erworben. Der erste ist die Befreiung von abschweifenden Gedanken, besonders wenn er ohne Pause den ganzen Tag meditiert. Bei einem solchen Meditierenden steigen abschweifende Gedanken ganz selten auf, und wenn früher die aufgestiegenen Gedanken lange bei ihm blieben, so kann der Meditierende sie jetzt schnell loslassen, indem er sie einfach geistig vermerkt. Der zweite Vorteil, den er erlangt hat, ist eine bedeutende Abnahme der schmerzhaften Gefühle, die beim Sitzen in der Meditation hochkommen; zu seiner großen Erleichterung kann der Meditierende, obwohl Schmerzen aufsteigen, diese geistig vermerken, ohne abgelenkt zu werden, so daß er viel leichter den Geist auf dem Meditationsobjekt belassen kann. Sogar starke Schmerzen erscheinen ihm nun als etwas Gewöhnliches und nicht als Störungen. Dies ist die »Bezwingung des Schmerzes«, ein Sieg von besonderer Bedeutung*. Mit dieser neugewonnenen Stärke setzt der Meditierende das geistige Vermerken mit großer Genauigkeit fort. Diese Stufe ist die letzte Phase der »Läuterung durch das Überwinden des Zweifels«.

1. Einsicht durch Verständnis
(sammasanañāṇa)

Nach der Läuterung durch das Überwinden des Zweifels, jedoch vor der nächsten Läuterung, folgt »Einsicht durch Verständnis«, die wiederum zur »Einsicht in das Entstehen und Vergehen« führt. Das Erkennen des Entstehens und Vergehens geschieht in zwei Phasen: eine unentwickelte Phase und eine gereifte Phase. In der unentwickelten Phase

---

* Bei der Ruhe-Meditation wird die Fähigkeit drei Stunden lang zu sitzen, ohne daß man von Schmerzen geplagt wird, als die »Bezwingung des Schmerzes« angesehen.

passieren dem Meditierenden bestimmte interessante Phänomene, die als solche ermutigende Zeichen sind, aber potentielle Ablenkungen vom richtigen Praxispfad darstellen; sie werden die zehn Trübungen der Einsicht genannt. Hier setzt die »Läuterung durch den Erkenntnisblick von Pfad und Nicht–Pfad« ein. Diese Läuterung betrifft das Verstehen, daß das Anhaften an den »Zehn Trübungen der Einsicht« der Nicht–Pfad ist und daß das aufmerksame Beobachten (d.h. das geistige Vermerken), das dem Einsichtsweg eigen ist, der Pfad ist. Es wird so genannt, weil es denjenigen, der dies erkennt, von dem Mißverständnis, daß der Nicht–Pfad der Pfad sei, befreit.

»Einsicht durch Verständnis« (auch Verstehen nach Gruppen genannt) ist die Betrachtung der Geistesformationen in Bezug auf ihre drei universellen Merkmale: Unbeständigkeit (*anicca*), Leidhaftigkeit (*dukkha*) und Nicht–Selbst (*anattā*). Diese Betrachtung setzt ein zwischen der »Läuterung durch das Überwinden des Zweifels« und der »Läuterung durch den Erkenntnisblick von Pfad und Nicht–Pfad«, fällt jedoch nicht unter diese beiden Klassifizierungen. Die oben erwähnten Fortschritte des Meditierenden helfen ihm, seine »Einsicht durch Verständnis« aufzubauen, die das richtige Verstehen der drei Merkmale mit sich bringt. Doch ist die Tiefe des Verstehens, die diese Einsicht beinhaltet, nicht für jeden dieselbe. Bei manchen Meditierenden ist das Verständnis umfassend und weitreichend; für andere ist seine Reichweite begrenzt. Die Dauer des Auftretens dieser Einsicht variiert ebenfalls je nachdem, wie man die Formationen in Bezug auf Körper und Geist betrachtet. Des Buddhas Verständnis der Manifestationen in Bezug auf Körper und Geist durchdrang alle lebenden und leblosen Dinge in den zehntausend Weltsystemen. Das Verständnis des Ehrw. Sāriputta erstreckte sich ebenfalls über ein weites Gebiet und durchdrang alles Belebte und

Unbelebte Zentral–Indiens. Die Ausdrücke in den Lehrreden »Alles muß unmittelbar erkannt werden« (*sabbaṁ abhiññeyyaṁ*) und »Alles muß vollständig durchschaut werden« (*sabbaṁ pariññeyyam*) beziehen sich auf »Einsicht durch Verständnis«. Hier bedeutet »alles« (*sabbaṁ*) nicht wörtlich alles in der Welt, sondern alles, was mit den fünf Anhäufungsgruppen* zu tun hat.

Die Formel des Verstehens, die in den Lehrreden gegeben wird, sagt:

> „Jede Gestalt, ob vergangen, zukünftig oder gegenwärtig, innerlich oder äußerlich, grob oder fein, geringfügig oder hervorragend, fern oder nah – alle Erscheinungsformen betrachtet er mit vollkommener Weisheit so, wie sie wirklich sind: «Dies gehört mir nicht», «Dies bin ich nicht», «Dies ist nicht mein Selbst». Jedes Gefühl ... jede Wahrnehmung ... alle geistigen Formationen ... jegliches Bewußtsein, ob vergangen, zukünftig oder gegenwärtig, innerlich oder äußerlich, grob oder fein, geringfügig oder hervorragend, fern oder nah – jedes Bewußtsein erkennt er mit vollkommener Weisheit so, wie es wirklich ist: «Dies gehört mir nicht», «Dies bin ich nicht», «Dies ist nicht mein Selbst»." (A. II, 171).

Nun wollen wir sehen, wie ein gewöhnlicher Meditierender diese Formel als eine Anleitung zum Verstehen anwenden kann. Nehmen wir an, der Meditierende bleibt mit Achtsamkeit auf seinem Meditationsobjekt: die Achtsamkeit auf den Atem, das Heben und Senken der Bauchdecke oder

---

* Die Kommentatoren unterscheiden zwischen zwei Bedeutungen des Begriffes »*sabba*«: »*sabasabba*« (das alles–umfassende Alles–All) und »*padesasabba*« (ein teilweises All). Das letztere bezieht sich auf das begrenzte Verständnis, das dem durchschnittlichen Menschen zu eigen ist.

etwas anderes. Das Meditationsobjekt ist inzwischen über seine konventionelle Bedeutung hinausgegangen und wird, als aus letztgültigen Bestandteilen zusammengesetzt, verstanden. Wenn zum Beispiel Haare das Meditationsobjekt sind, so erscheinen sie jetzt als die Elemente der Erde, des Wassers, des Feuers, der Luft, Farbe, Geruch, Geschmack und Nährstoffe. Wenn das Meditationsobjekt der Atem ist, erscheint er klar als Körper und Geist mit deren Ursachen und Bedingungen. Wenn der Meditierende nun beim Meditationsobjekt bleibt, wird das Entstehen und Vergehen dieser Formationen für ihn offenbar. Er erkennt als gegenwärtiges Phänomen, wie die Formationen von Körper und Geist, die sich auf sein Meditationsobjekt beziehen, weiter entstehen und vergehen und vernichtet werden – alle in Anhäufungen. Auf das Verstehen der Formationen als Anhäufung folgt das Verstehen eines jeden einzelnen Moments. Es sind die Kontinuität und Kompaktheit (*ghana*), die die Unbeständigkeit der Formationen verschleiern.

Wenn man die separaten Phasen innerhalb des Vorgangs sieht und sie einzeln erkennt, bedeutet das, das Merkmal der Unbeständigkeit zu verstehen. Die Unbeständigkeit der Formationen wird ihm klar gemäß dem Ausspruch: „Sie sind unbeständig in dem Sinn, daß sie der Vernichtung ausgesetzt sind" (Ps. I, 53). Wenn das Wesen der Unbeständigkeit offenbar ist, wird die leidhafte und Nicht–Selbst–Natur der Formationen ebenfalls deutlich.

Wenn er dieses Verstehen geistig vermerkt, so wächst dadurch der Umfang des Verstehens. Das ist »Einsicht durch Verständnis«, die durch die direkte persönliche Erfahrung in der Gegenwart kommt. Ausgehend von diesem Erlebnis, wendet er durch logische Schlußfolgerung dasselbe Prinzip auf die Vergangenheit und die Zukunft an. Er erkennt durch induktives Verstehen, daß alle Formationen, die in der Vergangenheit entstanden sind, ebenfalls der Vernichtung unterlagen, genau wie diese. Wenn er die Unbeständigkeit vergangener Formationen versteht, so vermerkt er dies im Geist. Auch kommt ihm in den Sinn, daß derselbe Vorgang sich in der Zukunft fortsetzt. So schlußfolgert er, daß alle Formationen, die den drei Zeitperioden (Vergangenheit, Gegenwart und Zukunft) angehören, tatsächlich unbeständig sind. Auch dieses Verstehen vermerkt er im Geist. Wie die kanonische Definition sagt: »Versteht man alle vergangenen, zukünftigen und gegenwärtigen Erscheinungen (der fünf Anhäufungsgruppen) endgültig durch Zusammenfassung (in Gruppen), so ist das Einsicht durch Verständnis.« (Ps. I, 53)

Alle drei Merkmale werden ihm auf diese Weise klar: „ Alles ist unbeständig, weil sich alles abnutzt. Alles ist leidhaft, weil es Angst erregt. Alles ist Nicht–Ich, weil nichts eine feste Substanz hat." Auf dieser Stufe der »Einsicht durch Verständnis« funktioniert der Geist äußerst schnell.

Die drei Arten des Verstehens – vermittels Vergangenheit, Zukunft und Gegenwart – sind ausreichend, um die Beflekkungen aufzulösen. Auf acht zusätzliche Arten wird jedoch hingewiesen, in vier Paaren gruppiert: 1. innerlich–äußerlich, 2. grob–fein, 3. geringfügig–hervorragend, 4. fern–nah.

Diese acht Arten werden nicht von jedem bei Betrachtung der Formationen verstanden. Nur denen mit scharfer Einsicht werden sie ganz klar. Zusammen mit den drei Zeitperioden bilden sie die elf Arten des Verstehens, auf die in der Formel hingewiesen wurde.

Wenn der Meditierende sein Meditationsobjekt betrachtet, so versteht er die damit verbundene Materie auf diese elf Arten. Genauso auch die dazugehörigen geistigen Anhäufungsgruppen: Gefühl, Wahrnehmungen, geistige Formationen und Bewußtsein*. Früher betrachtete der Meditierende das Bewußtsein als eine kompakte Einheit, aber nun, da sich das Verstehen entwickelt, sieht er, daß da Tausende von Gedanken sind, eine Anhäufung, die der Reihe nach ablaufen, Gedanke nach Gedanke. Daraus erkennt der Meditierende, daß die Gedanken, die früher aufgestiegen waren, nicht mehr existieren, und mit dieser Überzeugung verliert die Wahrnehmung der Kompaktheit des Bewußtseins ihre Grundlage. So wird er sich der Tatsache der Unbeständigkeit bewußt. Gefühle, die im Geist aufgestiegen sind, werden ebenfalls als Anhäufung erkennbar, als eine Folge von unterschiedlichen Gefühlen, die ohne Unterbrechung dahinfließen. Ihm wird die Tatsache bewußt, daß Gefühle verschwinden, wenn er sie etikettiert und daß damit auch der Gedanke verschwindet, der mit dem Gefühl verbunden war. Es geht ihm nun auf, daß die »Kontakt–Fünfheit«, bestehend aus Berührung, Gefühl, Wahrnehmung, Wille und Bewußtsein, die die hauptsächlichen Bestandteile des »Geistes« sind, unbeständig ist.

Der Meditierende muß zunächst seine eigenen fünf Anhäufungsgruppen betrachten. Auf dieser Stufe ist seine Kontemplation nicht nur auf sein ursprüngliches Meditationsobjekt beschränkt. Vielmehr durchdringt seine Kontemplation ihn vollständig. Er versteht die Natur seines ganzen Körpers und vermerkt im Geist alles, was er versteht. Das ist erkanntes Verstehen. Nicht nur in Bezug auf den eigenen Körper, sondern auch bezüglich anderer Körper, bekommt

---

*Diejenigen, die sich auf die Abhidhamma–Lehre der »endgültigen Theorien« (*paramattha–dhamma*) spezialisiert haben, können den Bereich der Formationen gemäß der oben erwähnten elf Arten beschreiben. Andere sind nicht in der Lage, diese in Einzelheiten zu beschreiben, obgleich sie die Formationen gemäß dieser Merkmale verstehen können.

er ein dementsprechendes Verständnis. Er kann seinen eigenen Körper deutlich visualisieren, so wie auch die Körper anderer, wann immer er sich darauf konzentriert. Dies ist »Einsicht durch Verständnis«.

Manchen Meditierenden wird auch die anfällige Natur ihres Körpers intensiv bewußt. In der Lehrrede an Māgandiya gibt der Buddha dem Wanderasketen Māgandiya folgenden Hinweis:

> „Und wenn du, Māgandiya, das Dhamma praktiziert hast, den Dhamma–Weg gegangen bist, dann Māgandiya, wirst Du selber wissen, selber erkennen, daß diese (fünf Anhäufungsgruppen) die reinsten Krankheiten, Beulen und Stachel sind." (M. I, 512)

Dieses ist auch wieder eine Anspielung auf die oben erwähnte Stufe des Verstehens. In der Lehrrede an Dīghanakha legt der Buddha diese Methode des Verstehens auf elf Arten, wie folgt, dar:

> „Aber dieser Körper, Aggivessana, der eine materielle Form hat, besteht aus den vier großen Grundelementen, ist von Vater und Mutter hervorgebracht, eine Anhäufung von Reis und Reisschleim, dem Wesen nach unbeständig, von einer Art, die gerieben und massiert werden muß, zerbrechlich und verderblich – dieser Körper sollte als unbeständig, als leidhaft, als eine Krankheit, ein Geschwür, ein Stachel, ein Unglück, eine Bedrängnis, als fremd, als sich auflösend, als leer, als Nicht–Ich betrachtet werden." (M. I, 500)

Der Buddha erklärte die Methode des Verstehens auf verschiedene Arten, manchmal kurz, manchmal in Einzelheiten, abhängig von dem jeweiligen Verständnisvermögen des

Schülers. Der Paṭisambhidāmagga (Weg des analytischen Wissens) gibt vierzig Arten des Verstehens:

> „Man versteht die fünf Anhäufungsgruppen als unbeständig, als leidhaft, als eine Krankheit, ein Geschwür, einen Stachel, ein Unheil, eine Bedrängnis, als fremd, als sich auflösend, als eine Plage, eine Katastrophe, einen Schrekken, eine Bedrohung, als wechselhaft, verderblich, nicht dauerhaft, als keinen Schutz, kein Obdach, keine Zuflucht, als leer, eitel, nichtig, Nicht–Ich, als eine Gefahr, als der Veränderung unterworfen, ohne Substanz, als die Ursache von Schwierigkeiten, als mörderisch, als zu vernichten, als Geschwüren unterworfen, als gestaltet, als *Māras* Köder, als der Geburt, dem Alter, der Krankheit, dem Tod unterworfen, Sorgen, Jammer, Verzweiflung und Befleckungen unterworfen." (Ps. II, 238)

Diese vierzig Arten können den drei Merkmalen wie folgt zugeordnet werden: zehn veranschaulichen das Merkmal der Unbeständigkeit, fünfundzwanzig das Merkmal der Leidhaftigkeit und fünf das Merkmal des Nicht–Ich.

Unbeständigkeit: unbeständig, sich auflösend, wechselhaft, verderblich, nicht dauerhaft, der Veränderung unterworfen, ohne Substanz, als zu vernichten, gestaltet, dem Tod unterworfen.

Leidhaftigkeit: leidhaft, eine Krankheit, ein Geschwür, ein Stachel, ein Unheil, eine Bedrängnis, eine Katastrophe, Schrecken, Bedrohung, kein Schutz, kein Obdach, keine Zuflucht, eine Gefahr, Ursache von Schwierigkeiten, mörderisch, Geschwüren unterworfen, *Māras* Köder, Geburt, Alter, Krankheit unterworfen, Sorgen, Jammer, Verzweiflung und Befleckungen unterworfen.

Nicht–Ich: fremd, leer, eitel, nichtig, Nicht–Ich.

Von diesen vierzig Arten des Verstehens sollte der Meditierende nur solche betrachten, die ihm sinnvoll erscheinen. Es schadet nichts, wenn man nicht in der Lage ist, alle zu erkennen. Es genügt, wenn man die betrachtet, die man verstehen kann.

Der Meditierende sollte ganz genau erkennen, wann diese »Einsicht durch Verständnis« vollständig wird. Normalerweise besteht die Neigung, diesen Vorgang des Verstehens zu verlängern, weil es einem gefällt, weiterhin in dieser Weise nachzudenken. Für manche Meditierende erreicht der Prozeß des Verstehens in kurzer Zeit seinen Höhepunkt, für manche dauert es länger. Wenn die »Einsicht durch Verständnis«, vom Meditationsobjekt ausgehend, sich auf die fünf Anhäufungsgruppen des Meditierenden und von dort auf die fünf Anhäufungsgruppen von anderen Lebewesen ausweitet, sowie auch auf leblose Dinge, und zwar so, daß die drei Daseinsmerkmale ihm spontan und mühelos in Einklang mit dem Dhamma in den Sinn kommen und alle lebenden und leblosen Dinge ihm einfach als verschiedene Anhäufungen von Elementen erscheinen – zu der Zeit kann die »Einsicht durch Verständnis« als vollständig angesehen werden.

Wenn die »Einsicht durch Verständnis« sich zu dieser Stufe entwickelt hat, wendet sich der Meditierende der Meditation mit großem Enthusiasmus zu. Er ist sogar unwillig, von seinem Meditationsplatz aufzustehen, weil er spürt, daß er ohne Schwierigkeiten für lange Zeit über die Formationen weiter nachdenken und sie betrachten kann. Manchmal ist er ganz frei von Gedanken, die nicht sein Meditationsobjekt betreffen. Nun, wo die »Einsicht durch Verständnis« gut entwickelt ist, versteht er die drei Daseinsmerkmale ganz deutlich. Das Entstehen und Vergehen der Formationen ist ihm ganz offenkundig. Wenn er sieht, wie jedes Teil entsteht und verschwindet, erscheinen ihm sogar Dinge wie das Licht einer Lampe, ein Wasserfall oder ein Klang als aus Teilchen und Anhäufungen bestehend. Die Teile und Partikel all dieser Dinge werden ihm als einzelne und doch miteinander verbundene Prozesse in Form von Vibrationen offenbar. Sie kommen ihm wie eine sich windende Schar von Würmern vor. Sogar der Körper erscheint ihm als eine Anhäufung von feinem elementaren Staub, der sich ständig verwandelt.

2. Die zehn Trübungen der Einsicht

(dasa vipassan 'upakkilesā)

Von der Stufe des »Verstehens durch Einsicht« bis zu der anfänglichen Phase der »Einsicht in das Entstehen und Vergehen« wird sich der Meditierende der Fähigkeit bewußt, daß er ohne Schwierigkeiten meditieren kann. Unwesentliche Gedanken sind abgeklungen, der Geist ist ruhig, klar und gelassen. Infolge dieser Ruhe und Gesammeltheit nehmen die Befleckungen ab und das Geist–Kontinuum wird stark geläutert; auch der Körper zeigt die gleiche Gelassenheit. Wenn der Meditierende mit der Kontemplation in der anfänglichen Phase der »Einsicht in das Entstehen und Vergehen« beschäftigt ist, muß er sehr vorsichtig sein. Denn genau an diesem Punkt tauchen die »Trübungen der Einsicht« auf, die den unachtsamen Meditierenden vom rechten Pfad der Praxis abzubringen drohen. Die Visuddhi–Magga (P.P., S.739 ff.; in der deutschen Fassung: S.758 ff.) beschreibt zehn solche Trübungen:

1. Lichtglanz (*obhāsa*)
2. Erkenntnis (*ñāṇa*)
3. Entzücken (*pīti*)
4. Gestilltheit (*passaddhi*)

5. Glückseligkeit (*sukha*)
6. Vertrauen (*adhimokkha*)
7. Energie (*paggaha*)
8. Sicherheit (*upaṭṭhāna*)
9. Gleichmut (*upekkhā*)
10. Anhaften (*nikanti*)

(1) Aufgrund des entwickelten Zustandes des Geistes auf dieser Stufe erscheint dem Meditierenden ein strahlendes Licht. Zuerst erblickt er etwas wie ein Lampenlicht in der Entfernung. Auch wenn es gar keine Lampe in seiner Behausung gibt, so scheint er eine zu sehen, sogar mit offenen Augen. Dann entdeckt er, daß dieses Licht von seinem eigenen Körper ausstrahlt. Obwohl sein Lehrer ihn angewiesen hatte, alles, was er sieht, einfach zu vermerken, so schenkt der Meditierende dieser Anweisung jetzt keine Beachtung. Er schlußfolgert, daß sein Lehrer dieses Ereignis nicht vorausgesehen und daher in dieser Beziehung einen Fehler gemacht hat. Er nimmt sogar an, daß er nun in der Meditation weiter fortgeschritten sei als sein Lehrer. So genießt er den Lichtglanz weiter, ohne ihn im Geist zu vermerken. In solch einer Situation darf ein Meditierender nicht dem Irrglauben verfallen. Der Lehrer hat seine Anweisungen von den großen Arahants bekommen, und die Arahants selber bekamen sie vom Buddha. Daher sollte der Meditierende den Rat des Lehrers so ansehen als käme er vom Buddha selber, und sorgfältig alles geistig vermerken.

Ein gewandter Meditierender, der Besonnenheit walten läßt, wird in solchen Situationen vorsichtiger sein. Auch er denkt zuerst, dieser Lichtglanz sei ein Zeichen überweltlicher Verwirklichung. Aber er erkennt sein Verlangen nach diesem Licht und überlegt weise, daß dieses Verlangen nicht in ihm aufgestiegen wäre, wenn er tatsächlich eine überweltliche Stufe erlangt hätte. So zieht er daraus den Schluß, daß dies unmöglich der Pfad sein kann und tut den Lichtglanz mit einem geistigen Vermerk ab. So wird er auch gewahr, daß Anhaften aufsteigt, wenn er denkt: „Dies ist mein Lichtglanz", und daß Dünkel mit dem Gedanken aufsteigt: „Nicht einmal mein Lehrer besitzt so einen Lichtglanz wie ich." Er erkennt, daß die Annahme, diese Erfahrung sei überweltlich, eine falsche Ansicht ist. So läßt er sich durch den Lichtglanz nicht irreführen und überwindet erfolgreich diese spezielle Trübung der Einsicht.

(2) Dasselbe Vorgehen gilt für die verbleibenden Trübungen. Der Meditierende erlangt eine bemerkenswerte Einsicht in die Bedeutung der kanonischen Darstellungen, wesentlicher Punkte der Lehre und wichtiger Begriffe. Über welche Worte des Dhamma er jetzt auch nachdenkt, alle enthüllen ihm eine Tiefe der Bedeutung, die er nie vorher in ihnen erkannt hatte. Er verkennt dies als Analytisches Wissen (*paṭisambhīdā*), interpretiert es als überweltliche Eigenschaft und beginnt begeistert zu predigen. Als Folge erleidet seine Meditation einen Rückschlag. Das ist die Trübung der Einsicht, die »Erkenntnis« genannt wird. Der befähigte Meditierende, der Begehren, Dünkel und Ansichten, die dieser Trübung zugrunde liegen, erkennt, schlußfolgert, daß dies nicht der Pfad ist, gibt das Anhaften auf und fährt auf dem richtigen Pfad, des geistigen Vermerkens, fort.

(3) Durch seinen Fortschritt im Verständnis wird der Meditierende von Freude durchdrungen. Erhebende Freude steigt in ihm auf, wie überschäumende Meereswellen. Er fühlt sich, als säße er in der Luft oder auf einem Wattekissen. Hier wird der leichtfertige Meditierende abermals getäuscht. Der gewissenhafte Meditierende jedoch verwendet die gleiche Methode der Betrachtung wie beim Lichtglanz. Indem er diese Trübung als eine Manifestation von Begehren, Dünkel und

falscher Ansicht ansieht, befreit er sich von ihrem trügerischen Einfluß, so daß er nicht länger anhaftet.

(4) Die vierte Trübung der Einsicht ist federnde Leichtigkeit von Körper und Geist. Obwohl der Meditierende schon eine gewisse Ruhe sogar in den Anfangsstadien der Meditation erlebt hat, so ist die Ruhe, die durch das »Erkennen des Entstehens und Vergehens« kommt, von gehobener Qualität. Manchmal fragt er sich, ob er sich irgendwie in die Luft erhoben hätte. Wenn er auf und ab geht, fühlt es sich so an, als ob das Erlebnis spontan geschähe. Der ungewandte Meditierende wird durch diese Erlebnisse dazu verleitet, dies als überweltliche Eigenschaft anzusehen, da die Arahants sich in die Luft erheben können. Der gewissenhafte Meditierende dagegen betrachtet die Trübung im Hinblick auf die drei Kriterien Begehren, Dünkel und Ansichten und läßt sich nicht irreführen.

(5) Während der Kontemplation in der anfänglichen Phase der »Erkenntnis vom Entstehen und Vergehen« durchdringt eine erhabene Glückseligkeit Körper und Geist des Meditierenden. Unbehagen und Schmerz verschwinden. Auch hier wird der leichtfertige Meditierende getäuscht, während der gewissenhafte die Trübung erkennt und sie überwindet.

(6) Manchmal wird der Meditierende durch tiefes Vertrauen in die drei Juwelen (Buddha, Dhamma, Sangha), in seinen Meditationslehrer und sein Meditationsobjekt inspiriert. Begeisterung überwältigt ihn wie eine Wasserflut, die einen Damm durchbricht. Verzückt durch die Inspiration will der Meditierende die meiste Zeit mit Andacht und Predigen verbringen. Er fühlt sich angetrieben, seinen Verwandten Briefe zu schreiben und sie im Dhamma zu unterweisen. Infolge übertriebenen Vertrauens fängt er sogar zu weinen an, was ihn lächerlich erscheinen läßt. Diese Welle

der Begeisterung ist ebenfalls ein Hindernis, das durch geistiges Vermerken unter Kontrolle gebracht werden muß. Auch hier reflektiert der gewissenhafte Meditierende weise, erkennt die Trübung und kehrt zum Pfad zurück.

(7) Der Meditierende wird sich einer starken Energie in sich selber bewußt. Er fühlt sich nicht mehr schläfrig wie zuvor. Obwohl er energiegeladen ist, entsteht keine Rastlosigkeit in seinem Geist. Er kann lange Zeit in einem Stück meditieren. Der leichtfertige Meditierende mißversteht auch dies als überweltliche Eigenschaft, und ohne seinem Lehrer davon zu erzählen, oder es geistig zu vermerken, läßt er Begehren, Dünkel und Ansichten aufsteigen. Auch dies blockiert wiederum seinen Fortschritt in der Meditation.

(8) Der Meditierende entdeckt auch, daß Achtsamkeit mühelos da ist. Wann immer er seine Aufmerksamkeit auf irgendein Objekt richtet, ist schon Aufmerksamkeit vorhanden, beinahe automatisch. Infolge dieser mühelosen Aufmerksamkeit, die »Sicherheit« genannt wird, stellt sich der leichtfertige Meditierende vor, er besäße die vollkommene Achtsamkeit eines Arahants; so täuscht er sich selbst. Der gewissenhafte Meditierende dagegen erkennt Begehren, Dünkel und Ansichten, die hinter dieser Vorstellung stecken und überwindet sie.

(9) »Gleichmut« als eine Trübung der Einsicht ist zweifach: nämlich »Gleichmut beim Erkennen« und »Gleichmut beim Aufmerken«. Hier bedeutet Gleichmut die Fähigkeit, ohne große Anstrengung beim Meditationsobjekt bleiben zu können. Dieser ist anders als der Gleichmut, über den in Verbindung mit Gefühlen gesprochen wird. Wenn der Meditierende früher besondere Anstrengungen unternehmen mußte, um Einsicht in die verschiedenen Manifestationen zu bekommen, so kommt es ihm auf dieser Stufe vor, als ob Ein-

sicht automatisch geschähe, wie die Umdrehung eines Rades. Es ist jetzt sehr leicht für ihn, mit der Betrachtung weiterzumachen, weil sein Geist beinahe zum Objekt hinspringt. Worüber er auch nachdenkt, alles erscheint ihm in außerordentlicher Klarheit. Wenn solche geistigen Begleiterscheinungen wie Berührung, Gefühl und Gedankenformationen von allen Seiten klar werden, zusammen mit ihren Merkmalen, wie Unbeständigkeit, so kann es leicht sein, daß infolge seines Gleichmuts beim Aufmerken der Meditierende dies als überweltliche Einsicht mißversteht. Es ist nicht so leicht, sich hier nicht täuschen zu lassen. Aber auch hier überwindet der gewissenhafte Meditierende erfolgreich die Trübung der Einsicht.

(10) Die subtile Trübung der Einsicht, die »Anhaften« genannt wird, ist eine, die in allen anderen Trübungen latent vorhanden ist. Der leichtfertige Meditierende entwickelt ein unbewußtes Anhaften an seine Einsicht, die mit so wundervollen Dingen wie Lichtglanz ausgeschmückt ist; so wird er von Begehren, Dünkel und Ansichten aus der Bahn geworfen. Der gewissenhafte Meditierende gebraucht weises Erwägen und befreit sich von dem Einfluß.

3. Pfad und Nicht–Pfad

Der sorgfältige Meditierende sollte alle »Trübungen der Einsicht« genauestens vermerken, wann immer sie aufsteigen. Meditierende, die diese Vorsichtsmaßnahmen vernachlässigen, indem sie denken:„Nun, alles in allem sind es gute Sachen", werden schließlich in schwierige Situationen geraten, und nicht in der Lage sein, mit ihrer Meditation vorwärtszukommen. Daher wäre es gut, hier den Ratschlägen seines Lehrers zu folgen. Man muß diese Hindernisse erkennen und sie aufgeben. Alle diese »Trübungen der Einsicht«

haben eine subtile Spur von Anhaften in sich verborgen und bringen einen daher vom richtigen Pfad ab. Das Verstehen, daß diese Trübungen nicht der richtige Pfad sind, und daß ihre Vermeidung zum rechten Pfad führt, wird »Läuterung durch den Erkenntnisblick von Pfad und Nicht–Pfad« genannt. Folglich ist der »Nicht–Pfad« die Neigung, unter den Einfluß der »Trübungen der Einsicht« zu geraten und weiter zu meditieren, während man unter ihrem Zwang steht. Der richtige Zugang oder der »Pfad« ist das Erlöschen dieser Trübungen und das Weiterschreiten zur wahren Einsicht auf dem sicheren Weg des »Erkannten Erlebens«. Am Ende dieser Läuterung setzt die Reifephase der »Erkenntnis vom Entstehen und Vergehen« ein und leitet zur nächsten Läuterung über.

* * *

Kapitel VI

Läuterung durch den Erkenntnisblick des Pfades

(paṭipadañāṇadassanavisuddhi)

1. Die drei vollkommenen Durchschauungen (*pariññā*)

Im Verlauf des Fortschrittes der Einsichtsmeditation geht der Meditierende durch drei weltliche (*lokiya*) Stufen der Erkenntnis, bevor er die Ebene der überweltlichen (*lokuttara*) erreicht. Diese drei Stufen werden die drei weltlichen, vollkommenen Durchschauungen genannt und werden wie folgt bezeichnet:

(1) Vollkommene Durchschauung des Erkannten (*ñātapariññā*),
(2) Vollkommene untersuchende Durchschauung (*tiraṇapariññā*),
(3) Vollkommene überwindende Durchschauung (*pahānapariññā*).

(1) Die Ebene der vollkommenen Durchschauung des Erkannten erstreckt sich von der »Einsicht in die Abgrenzung von Geist und Körper« bis zu der »Einsicht der Wahrnehmung von Ursache und Bedingung«. Auf dieser Stufe wird das Verstehen der jeweiligen Natur aller Erscheinungen geübt. Dieses Verstehen erstreckt sich lediglich auf die hervorstechenden Merkmale der Phänomene. So versteht der Meditierende, daß das Erd–Element das Merkmal der Härte hat, das Wasser–Element das des Tröpfelns, das Feuer–Element das der Hitze, das Luft–Element das des

Ausdehnens, der Geist das des Erkennens, das Gefühl das des Gefühltwerdens, usw. Im Einzelnen umfaßt es die vier bestimmenden Formen jeder Erscheinung: ihr Merkmal, ihre Funktion, ihre Manifestation und ihre unmittelbare Ursache. Die vollkommene Durchschauung des Erkannten ermöglicht dem Meditierenden, die wesenhafte Natur der Erscheinungen zu erfassen, die sich in Form absoluter Kategorien zu erkennen gibt.

(2) Die vollkommene Durchschauung des Erkannten schafft die Grundlage für die nächste Stufe, die vollkommene Durchschauung durch Untersuchung, die sich von der »Einsicht durch Verständnis« über die »Einsicht in das Entstehen und Vergehen« erstreckt. Auf dieser Stufe schreitet der Meditierende weiter vom Erkennen der besonderen Natur einzelner Erscheinungen zum Erkennen ihrer allgemeinen Natur, d.h. ihrer universellen Merkmale: Unbeständigkeit, Leidhaftigkeit und Nicht–Selbst, weiter.

(3) Die vollkommene Durchschauung als Überwindung, die höchste weltliche Stufe des Erkennens, beinhaltet die systematische Aufgabe der Befleckungen durch die Methode, die »Überwindung durch das Gegenteil« (*tadaṅgappahāna*) genannt wird, d.h. durch das Entwickeln bestimmter Einsichten, die irrige Ideen aus dem Geist vertreiben. Diese Stufe beginnt bei der »Einsicht in die Auflösung« und erreicht ihren Höhepunkt in der »Einsicht durch Gleichmut hinsichtlich der Daseinsgebilde«. Wenn sich der Schleier der Unwissenheit auflöst, der die wahre Natur der Daseinserscheinungen verdeckt, und die Dinge so gesehen werden, wie sie sind, beginnen sich auf dieser Stufe die Befleckungen aufzulösen. Sie werden sozusagen gezwungen, die Tiefen des Geistes zu verlassen. Je mehr sie den Platz räumen, desto stärker wird das Verständnis, das der Geist erlangt.

Ein Meditierender wird es hilfreich finden, diese dreifache Aufteilung des weltlichen vollkommenen Durchschauens im Geist zu behalten und sie in Beziehung zu den Läuterungen und den Stufen der Einsicht zu erwägen.

2. Der Fortschritt der Einsicht

Wenn der Meditierende die »Zehn Trübungen der Einsicht« umgangen hat und zum geistigen Vermerken zurückgekehrt ist, vervollständigt er die »Läuterung durch den Erkenntnisblick von Pfad und Nicht–Pfad«. Er kommt dann in die Reife–Phase der »Einsicht des Entstehens und Vergehens«. Damit beginnt er die letzte der weltlichen Läuterungen, die »Läuterung durch den Erkenntnisblick des Pfades«. Der »Pfad« bedeutet die »Praxis« oder den Vorgang der Erreichung des Zieles. Das Verstehen, das Wissen oder der Hellblick betreffend des Vorgangs der Zielerreichung ist der »Erkenntnisblick des Pfades«. Die Läuterung oder das Auslöschen der Befleckungen durch dieses Wissen ist die »Läuterung durch den Erkenntnisblick des Pfades«. Obwohl inzwischen die Einsicht Wurzeln geschlagen hat, eröffnen sich erst an diesem Punkt eine Reihe gereifter Einsichten, die im Erlangen des überweltlichen Pfades gipfeln.

Die »Läuterung durch den Erkenntnisblick des Pfades« umfaßt acht Stufen der Einsicht:

1. Einsicht durch Kontemplation des Entstehens und Vergehens (*udayabbayānupassanāñāṇa*)
2. Einsicht durch Kontemplation der Auflösung (*bhaṅgānupassanāñāṇa*)
3. Einsicht in das Dasein als Schrecken (*bhay'upaṭṭhānañāṇa*)

4. Einsicht durch Kontemplation der Gefahr (*ādīnavānupassanāñāṇa*)
5. Einsicht durch Kontemplation der Ernüchterung (*nibbidānupassanāñāṇa*)
6. Einsicht durch den Wunsch nach Erlösung (*muñcitukamyatāñāṇa*)
7. Einsicht durch Kontemplation der Erwägung (*paṭisankhānupassanāñāṇa*)
8. Einsicht durch Gleichmut hinsichtlich der Daseinsgebilde (*sankhār'upekkhāñāṇa*)

Einsicht in Übereinstimmung mit der Wahrheit oder Anpassungserkenntnis (*anulomañāṇa*) ist als neunte Stufe der Einsicht in diese Läuterung ebenfalls mit eingeschlossen.

(1) Einsicht durch Kontemplation des Entstehens und Vergehens. — Die »Läuterung durch den Erkenntnisblick des Pfades« beginnt mit dem Reifestadium der »Einsicht in das Entstehen und Vergehen«, das einsetzt, nachdem der Meditierende die Täuschung, die durch die »Trübungen der Einsicht« entsteht, aufgelöst hat, entweder durch seine eigenen Bemühungen oder mit Hilfe der Anweisungen des Lehrers. Er erwirbt sich diese Läuterung, indem er sein Meditationsobjekt mit einem reinen, unverblendeten Geist betrachtet, der nun geradewegs auf dem Weg zu wahrer Einsicht ist.

Die Einsicht durch Kontemplation des Entstehens und Vergehens wird so definiert: „Die Weisheit der Betrachtung des Wandels der gegenwärtigen Erscheinungen ist die »Einsicht durch Kontemplation des Entstehens und Vergehens«". (Ps. I, 1) Durch das Betrachten der Formationen als gegenwärtige Erscheinungen wird diese besondere Einsicht erlangt. Zuvor zog die Betrachtung der Formationen alle drei Zeitperioden in Betracht – Vergangenheit, Gegenwart und Zukunft –, doch nun ist sie nur auf die Gegenwart konzentriert. Das ist ein notwendiger Schritt, um den Wandel der Formationen zu erkennen, d.h. die Veränderung des gegenwärtigen Zustands. Um die Unbeständigkeit zu erkennen, muß man das Merkmal des Vergehens wahrnehmen, und um das Vergehen zu erkennen, muß auch das Entstehen erkannt werden. Die »Einsicht in das Entstehen und Vergehen« beinhaltet das Erkennen sowohl von Entstehen wie von Auflösung. Auf dieser Stufe wird der Vorgang von Entstehung und Auflösung dem Meditierenden unmittelbar bei seinem Meditationsobjekt deutlich.

Nachdem der Meditierende nun die Gefahren, die durch die »Trübungen der Einsicht« hervorgebracht werden, umgangen hat, setzt er mit größerer Entschlossenheit seine Arbeit der Betrachtung fort. Alle drei Merkmale der Existenz werden ihm nun auf logische Weise klar. Obgleich diese Merkmale sich ihm schon in einem früheren Stadium der »Einsicht in das Entstehen und Vergehen« gezeigt haben, waren sie, aufgrund des nachteiligen Einflusses der Trübungen, nicht so deutlich. Aber nachdem die Trübungen verschwunden sind, treten diese Merkmale stark und eindeutig hervor.

Da der sichere Weg der Einsicht mit der »Einsicht in das Entstehen und Vergehen« beginnt, sollte der Meditierende mit dieser speziellen Einsicht besonders vertraut sein. Er benötigt ein gründliches Verstehen der drei Merkmale: Unbeständigkeit, Leidhaftigkeit und Nicht–Selbst. Jedes von ihnen hat zwei Aspekte:

(1) das was unbeständig ist und das Merkmal der Unbeständigkeit;

(2) das was leidhaft ist und das Merkmal des Leidhaftigkeit;

(3) das was Nicht–Selbst ist und das Merkmal des Nicht–Selbst.

Der erste Teil dieser Begriffe, d.h. das was unbeständig, leidhaft und Nicht–Selbst ist, bezieht sich auf die fünf Anhäufungsgruppen. Das Merkmal der Unbeständigkeit ist der Prozeß des Entstehens und Vergehens; das Merkmal der Leidhaftigkeit ist das ständige Bedrücktsein; das Merkmal des Nicht–Selbst ist die Machtlosigkeit gegenüber Körper und Geist. Die fünf Anhäufungsgruppen sind insofern unbeständig, weil sie entstehen und vergehen, leidhaft, weil sie ständig belastet sind und Nicht–Selbst, weil es keine Machtausübung über sie gibt. Die Paṭisambhidāmagga erklärt die drei Merkmale so: „(Es ist) unbeständig im Sinne des Schwindens. (Es ist) leidhaft, weil es Schrecken bringt. (Es ist) Nicht–Selbst im Sinne von Substanzlosigkeit." (Ps. I, 53)

Alle drei Merkmale sind in den fünf Anhäufungsgruppen zu finden. Das Ziel des Einsichtsmeditierenden sollte es sein, das Verständnis dieser drei Merkmale in sich zu erwecken. Auf den ersten Blick kann diese Art Bemühung als eine geistige Qual erscheinen. Wenn man sich aber den Trost vergegenwärtigt, den diese beseligende Schau bringt, wird man erkennen, daß es in allen drei Welten kein wertvolleres Ziel als dieses gibt. Wie der Buddha sagt:„Dem Mönch mit gestilltem Geist, der eine leere Klause betreten und das Dhamma mit rechter Einsicht erkannt hat, dem steigt ein erhabenes Entzücken auf, das die menschliche Ebene übersteigt." (Dhp., 373)

Das Merkmal der Unbeständigkeit wird durch die Kontinuität verdeckt. Das Merkmal der Leidhaftigkeit wird durch den Wechsel der Haltungen überdeckt. Das Merkmal des Nicht–Selbst wird durch die Kompaktheit vertuscht.

Der Ablauf der Daseinserscheinungen muß analysiert werden. Sobald er als Anhäufung oder Reihenfolge erkannt wird, ist die Unbeständigkeit verstanden. Wenn man dem Impuls, seine Haltung zu verändern, widersteht, ist die Leidhaftigkeit verstanden. Wenn wir die Anhäufung der Manifestationen durch Analyse in ihre Bestandteile zerlegen: Erde, Wasser, Feuer, Luft, Berührung, Gefühl usw., wird das Merkmal des Nicht–Selbst offenbar. Wenn diese drei Merkmale dem Meditierenden klargeworden sind, dann ist er in der Lage, seine Meditation gut weiterzuführen.

Wenn der Meditierende dem Meditationsobjekt weiter Aufmerksamkeit schenkt, wird ihm das Objekt so klar erscheinen wie auf der Stufe der »Einsicht durch Verständnis«. Wenn ihm nun die Formationen, die Körper und Geist bilden, deutlich werden, kann er die stofflichen und die geistigen Komponenten seines Meditationsobjektes unterscheiden. Wenn er zum Beispiel das Heben und Senken der Bauchdecke als sein Objekt genommen hat, wird er verstehen, daß es in einer hebenden Bewegung der Bauchdecke eine Vielzahl solcher Bewegungen gibt und daß es in der senkenden Bewegung ebenfalls eine Folge ähnlicher Bewegungen gibt. Er kann auch im Geist erkennen, daß eine Folge von Gedanken bei diesem Vorgang aufsteigt, indem er jeden Bruchteil der Geistesbewegung zum Betrachtungsobjekt nimmt. Wenn er Einatmen und Ausatmen als Meditationsobjekt benutzt, kann er im Geist die zahlreichen Phasen des Wind–Elements, die mit dem Vorgang verbunden sind, unterscheiden. Er ist sich auch der Abfolge von Gedanken bewußt, die dabei aufsteigen, und erkennt jede Phase.

Wenn er in der Lage ist, in dieser Art und Weise zu unterscheiden, durchdringt der Geist seinen ganzen Körper und macht ihn zum Meditationsobjekt. Er begreift, daß sein ganzer Körper eine Anhäufung von elementarem Staub ist. Es kommt ihm in den Sinn, daß diese Anhäufung von elementarem Staub, aus der sein Körper besteht, immer in Bewegung ist, wie der feine Staub, der sich in der Luft schwebend bewegt, wenn wir gegen die Sonnenstrahlen schauen. Auf dieser Stufe wandert sein Geist nicht zu anderen Objekten. Seine Aufmerksamkeit ist nun ganz in die Meditation vertieft. Wenn er sich der Einzelteile von »Körper« und »Geist« als Anhäufungen, Abfolgen oder Massen bewußt wird, beginnt er das Entstehen und Vergehen dieser verschiedenen Teile zu erkennen.

Hierbei muß man noch eine andere wichtige Tatsache in Betracht ziehen, daß nämlich alle Erscheinungen, die unter Körper und Geist zusammengefaßt werden, drei Stufen durchmachen: (1)Entstehen (Geburt), (2) Fortdauer (Verfall) und (3) Auflösung (Tod)*. Geburt, Verfall und Tod geschehen sogar in einer kurzen Zeitspanne ebenso wie während einer längeren Periode. Von diesen drei Stufen sind »Entstehen« (oder »Geburt«) und »Auflösung« (oder »Tod«) offensichtlich. Die Zwischenstufe der »Fortdauer« (oder »Verfall«) ist nicht so deutlich. »Entstehen« ist der Anfang von Vergänglichkeit, »Fortdauer« ist ihre Mitte und »Auflösung« ihr Ende.

Die drei Merkmale (Unbeständigkeit, Leidhaftigkeit und Nicht–Selbst) sind dem Meditierenden nun sehr klar. Unbeständigkeit ist ihm geistig wahrnehmbar, als ob sie mit den eigenen Augen sichtbar wäre. Vier Dinge erscheinen ganz deutlich in seinem ruhigen Geist: (1) das Entstehen, (2) die Ursache des Entstehens, (3) die Auflösung, (4) der Grund der Auflösung. Die Einsicht, die zusammen mit dieser Klar-

---

* *uppāda, thiti, bhaṅga*

heit des Erkennens aufsteigt, ist die »Einsicht in das Entstehen und Vergehen«. Wann immer diese Einsicht einem Meditierenden als erkanntes Erleben zu Bewußtsein kommt, auf der Ebene der eigenen Erfahrung, tut er gut daran, an dem Punkt für längere Zeit halt zu machen, um sich dies immer wieder vor Augen zu führen. Die »Einsicht in das Entstehen und Vergehen« ist ein bedeutsamer Ausgangspunkt. Da eine größere Vertrautheit damit dem Meditierenden selbst beim Wiedererlangen des Frucht–Moments (*phalasamāpatti*) nützlich sein wird, kann man hundert– oder tausendmal die »Einsicht in das Entstehen und Vergehen« betrachten.

Der Meditierende, der die »Einsicht in das Entstehen und Vergehen« entwickelt und wiederholt praktiziert hat, richtet nun seinen Geist auf sein Meditationsobjekt. Der Vorgang des Entstehens und Vergehens wird ihm dann dabei direkt offenbar. Sogar wenn er den Arm hebt und senkt, kann er den Anfang, die Mitte und das Ende des Vorgangs von Entstehen und Vergehen visualisieren. Aber manchmal ist die Mitte nicht klar erkennbar. Das trifft auch auf die Bewegung des Hebens und Senkens der Bauchdecke zu. Bei der Achtsamkeit auf den Atem sind der Anfang, die Mitte und das Ende des Ein– und Ausatmens offensichtlich. Der Geist schweift nicht ab. Wenn der Meditierende seine meditative Aufmerksamkeit weiter auf dem Meditationsobjekt beläßt, scheinen nach einiger Zeit die Anfangs– und Mittelphase des Vorgangs zu verschwinden. Nur das Ende ist deutlich. Wenn man die hebende Bewegung der Bauchdecke betrachtet, werden der Anfang und die Mitte schwer erkennbar. Nur das Ende ist deutlich, genauso auch bei der sich senkenden Bewegung der Bauchdecke. Beim Heben und Senken des Armes oder beim Hochheben und Aufsetzen des Fußes sind der Anfang und die Mitte nicht klar. Nur das Ende jedes Vorgangs fällt auf. Beim Ein– und Ausatmen ist das Einströmen und Ausströmen der Luft nicht fühlbar. Der Meditierende fühlt nur die Berührung, die durch Ein– und Ausatmen an der Nasenspitze oder an der Oberlippe, wo der Luftzug auftritt, erzeugt wird. Und das ist so greifbar für ihn, daß er fast den Rhythmus des Atems hören kann: «tuck–tuck–tuck». Er ist sich keines anderen Objektes bewußt.

Wenn ein Meditierender diese Stufe erreicht hat, denkt er manchmal, seine Meditation habe einen Rückschlag erlitten, weil ihm das Meditationsobjekt nicht mehr so klar ist. Er hört sogar auf zu meditieren. Wenn er mit einem Lehrer meditiert, geht er zu ihm und beklagt sich über den Rückschlag, den er erlitten hat. Er bekennt, daß er das Interesse an der Meditation verloren hat, daß er »die Nase voll« hat. Der Lehrer erklärt ihm mit triftigen Gründen, daß es nicht ein Rückschlag in der Meditation, sondern eher ein Zeichen des Fortschritts sei: „Am Anfang hast du die Meditation mit Hilfe von Methoden aufgegriffen. Sämtliche Meditationsobjekte, Einatmen und Ausatmen, Haare, Finger usw., sind nur Vorstellungen. Da du nun deine Achtsamkeit und Konzentration entwickelt hast, hat sich auch deine Weisheit entwickelt. Durch die entwickelte Weisheit werden die Phänomene als substanzlos verstanden. Darum mußt du nicht enttäuscht sein. Auf die Weise verschwindet die Wahrnehmung von Kompaktheit."

Die »Wahrnehmung von der Kompaktheit« (*ghana–saññā*) ist die Neigung, das als Einheit anzusehen, was in Wirklichkeit eine Fülle von Handlungen und Funktionen ist. Die Kompaktheit ist vierfach:

(1) Kompaktheit als Kontinuität (*santati–ghana*)

(2) Kompaktheit als Masse (*samūha–ghana*)

(3) Kompaktheit als Funktion (*kicca–ghana*)

(4) Kompaktheit als Objekt (*ārammaṇa–ghana*)

Im entwickelten Stadium der Einsichtsmeditation beginnt die Wahrnehmung der Kompaktheit auseinanderzubröckeln. Das Heben und Senken der Bauchdecke wird immer weniger greifbar. Man verliert die Empfindung seines ganzen Körpers. Früher konnte sich der Meditierende seinen Körper in der Sitzhaltung vorstellen, nun wird sogar das für den Geist nicht wahrnehmbar. Das ist der Moment, an dem sich Vorstellungen auflösen. Hier muß man sich an die Anweisungen des Lehrers halten und eifrig praktizieren.

Im alltäglichen Leben ist der Mensch von einer Vielfalt von konventionellen Vorstellungen abhängig. Wenn sich die Wahrnehmung der Kompaktheit auflöst, lösen sich auch konventionelle Ansichten auf. Man beginnt sich von den Fiktionen, an die alle verblendeten Menschen glauben, fortzubewegen, hin zu den Wahrheiten, die von den Edlen erkannt werden: „Was immer, ihr Mönche, von der Welt mit ihren Göttern und *Māras*[*] als Wahrheit angesehen wird, von den Nachkommen, die sich aus Einsiedlern und Brahmanen, Göttern und Menschen zusammensetzen, das wurde von den Edlen gemäß der Wirklichkeit mit rechter Weisheit als Unwahrheit wohl erkannt – das ist eine Art der Betrachtung. Und was immer, ihr Mönche, von der Welt mit ihren Göttern und *Māras* ... als Unwahrheit angesehen wird, das wurde von den Edlen der Wirklichkeit gemäß mit rechter Weisheit als Wahrheit erkannt – das ist die zweite Art der Betrachtung". (Sn., 147, Dvayatānupassanā Sutta)

---

[*] Der Versucher (Teufel)

(2) Einsicht durch Betrachtung der Auflösung. — Wenn der Meditierende nicht mehr das Entstehen der Formationen erkennt und ihm nur ihre Auflösung offenbar wird, ist er bei der Einsicht in die Auflösung angekommen. Wenn er nach diesem Erlebnis seine Meditation wieder aufnimmt, erkennt er, daß die Gebilde von Körper und Geist sich ständig auflösen, wie wenn Wasserblasen zerplatzen oder wie Schaum, der aus einem Kochtopf mit Reis überkocht. Er versteht nun, daß es kein Wesen oder keine Person gibt, sondern nur Formationen, die sich immer wieder auflösen.

Während diese Einsicht in die Auflösung in ihm vorgeht, hat der Meditierende das außergewöhnliche Erlebnis, den Gedanken, mit dem er die Auflösung betrachtet, erkennen zu können. Dann betrachtet er auch diesen Gedanken. So tritt er in ein besonderes Stadium starker Einsicht ein, das »reflexive Einsicht« (*paṭivipassanā*) genannt wird; es wird auch als »Einsicht in die höhere Weisheit« (*adhipañña vipassanā*) bezeichnet. Wie die Paṭisambhidāmagga sagt: „Hat er über ein Objekt nachgedacht, betrachtet er die Auflösung des Gedankens, der über das Objekt reflektiert hat. Die Erscheinung (der Formation) ist ebenfalls leer. Das ist »Einsicht in die höhere Weisheit«" (Ps. I, 58). Nach dem Betrachten eines Objektes, das Körper und Geist repräsentiert, betrachtet der Meditierende den reflektierenden Gedanken selber. Auf diese Art sieht er die Auflösung nun nicht nur in jedem unmittelbaren Objekt, auf das er aufmerksam wird, sondern auch in jedem Gedanken, den er gerade denkt.

(3) Einsicht in das Dasein als Schrecken. — Wenn alles, was unter Körper und Geist fällt, als sich auflösend erkannt wird, fühlt sich der Meditierende als wäre er in einem Zustand der Hilflosigkeit. Weil er den Geist–Körper–Vorgang, an dem er angehaftet hatte, als auseinanderfallend erkennt,

wird er von ungewöhnlich heftigem Schrecken gepackt. Durch das Erleben der Auflösung alles dessen, wovon er abhängig war, steigt Panik in ihm auf, weil er nirgendwo Schutz oder Zuflucht finden kann. Diese Erkenntnis des Furchterregenden heißt technisch »Einsicht in das Dasein als Schrecken«. Wenn die Einsicht aufsteigt, sollte der Meditierende sein Erleben des Schreckens geistig vermerken. Ansonsten wird ihn dieser Schrecken weiter verfolgen. Ist er nicht in der Lage, dem ein Ende zu machen, wird es ihm schwerfallen, seine Meditation fortzuführen. So ist es auch an diesem Punkt notwendig, alles geistig zu vermerken.

(4) Einsicht durch Kontemplation der Gefahr. — Es erwacht das Verstehen, daß die ganze Skala weltlicher (*samsarischer*) Existenz auf den drei Ebenen durch alle Zeitperioden – Vergangenheit, Gegenwart und Zukunft – derselben Auflösung unterliegt. Mit dieser Erkenntnis läßt die »Einsicht in den Schrecken« das Wissen von den Gefahren der Daseinsgebilde aufsteigen. Das wird »Einsicht durch Kontemplation der Gefahr« genannt. Die Gefahren der Daseinsgebilde zu verstehen, bedeutet einzusehen, daß sie alle von Anfang bis Ende erbärmlich sind. Der Meditierende sieht keinerlei Vorteil in der ganzen Fülle der Manifestationen. Sie erscheinen ihm nur als ein Haufen von Gefahren, der keinerlei Wahl zwischen wünschens– und nicht wünschenswerten Kategorien bietet. Er empfindet es so, als käme er in ein Dickicht voller wilder Leoparden, Bären, Reptilien und Räuber. Mit dem Erkennen der Gefahr steigt Ernüchterung auf. Der Meditierende ist uninteressiert an allen Daseinsgebilden. Er denkt: „Wieviel Leid habe ich in der Vergangenheit schon durchgemacht, um dieser leiblichen Behausung willen? Wieviel mehr muß ich noch ertragen, nur um dieses Gefüge von Daseinsgebilden aufrechtzuerhalten?" Der Übergang von der »Einsicht in die Auflösung« zu dem Erleben der Ernüchterung

ist die machtvolle Phase der Einsichtsmeditation. Die Einsichten in dieser Serie entstehen fast gleichzeitig. Zusammen mit der Einsicht in die Auflösung, kommt sofort die Einsicht in den Schrecken, in die Gefahr und in die Ernüchterung hoch. Daher wird diese ganze Serie manchmal einfach »Ernüchterung« genannt.

Wann immer ein Meditierender entdeckt, daß die Einsicht in die Auflösung in ihm aufgestiegen ist, sollte er auf jeden Fall bei der Meditation bleiben, selbst wenn es bedeuten würde, auf Mahlzeiten und Erfrischungen zu verzichten. Er sollte weiter bewegungslos sitzen, um dem Zyklus der Einsichten volle Entfaltung zu erlauben. Diejenigen mit scharfer Einsicht gehen sehr schnell durch diese Stadien hindurch.

(5) Einsicht durch Kontemplation der Ernüchterung. — Wenn die Gefahren in den Daseinsgebilden verstanden sind, setzt die Ernüchterung ohne besondere Bemühung ein. Diese Einsicht in die Ernüchterung, die durch die Unzufriedenheit mit allen Manifestationen aufsteigt, ist eine Art Einsicht, mit der der Meditierende gut vertraut sein muß. Die Unzufriedenheit wird durch das Erkennen der Gefahren in den Gebilden erweckt. Anfangs hat er mit den Formationen zu tun, die mit dem jeweiligen Meditationsobjekt verbunden sind. Wenn diese Einsicht gut entwickelt ist, erweckt alles, was dem Meditierenden einfällt, nur Unzufriedenheit, seien es seine eigenen fünf Daseinsgruppen oder die anderer. Alle Gegenstände und Orte, alle Arten des Werdens, jedes Lebensalter und Schicksal, alle Bewußtseinsebenen und Daseinssphären erscheinen ihm in einer Weise, daß sie die Ernüchterung noch steigern. Zuerst hatte der Einsichtsmeditierende nur daran gedacht, Freiheit von einer möglichen Wiedergeburt in den vier niederen Bereichen zu erlangen: in der Hölle, im Tierbereich, der Ebene der hungrigen Geister

(*petas*) und dem Bereich der Titanen (*asuras*). Doch durch diese Unzufriedenheit hinsichtlich der Formationen, nach dem Erkennen ihrer Gefahren, ist er jetzt nicht nur von den vier niederen Ebenen abgestoßen, sondern von allen drei Bereichen der Existenz: der Sinnenwelt, dem feinstofflichen Bereich und dem unkörperlichen Dasein. Er kann nirgendwo einen Trost finden – nicht einmal in den Himmels- und Brahmawelten – da alle Gebilde schreckerregend erscheinen.

Wenn diese Unzufriedenheit intensiv wird, bekommt der Meditierende sehr oft wunderliche Vorstellungen, die für seine Praxis schädlich sein können. Er wird mit seiner Meditation unzufrieden und meditiert ohne Freude. Er denkt daran, mit der Meditation aufzuhören und irgendwo anders hinzugehen. Er entwickelt sogar eine Abneigung gegen seinen Lehrer und andere Ältere, denen sein Wohlergehen am Herzen liegt. Daher ist es ratsam für den Meditierenden, der Einsichtsmeditation praktiziert, seinen Lehrer oder irgendeinen Älteren von solch einer Absicht zu unterrichten. Andernfalls sollte er wenigstens im voraus einen festen Entschluß fassen, den Hindernissen, die ihm im Verlauf der Einsichtsmeditation begegnen, zu widerstehen. Selbst wenn man dieses Stadium der Ernüchterung erreicht hat, muß man weitergehen.

In solchen Fällen muß auch der Meditationslehrer einfallsreich sein. Er sollte erkennen, daß die wahre Quelle der Unzufriedenheit des Meditierenden seine Einsicht in die Gefahren der Daseinsgebilde ist, und daß diese Unzufriedenheit nur auf andere Dinge geschoben und übertragen wird. Wenn ein Meditierender kommt und sich über seine Praxis und über seinen Aufenthaltsort, usw. beklagt, muß der Lehrer geeignete Mittel anwenden, um seine Niedergeschlagenheit zu vertreiben und die Begeisterung für die Meditation wiederzuerwecken. Es ist ein gutes Zeichen, wenn der Meditierende trotz seiner Probleme die Meditation nicht vollkommen aufgibt.

(6) Einsicht durch den Wunsch nach Erlösung. — Der Einsicht in die Ernüchterung folgt die Einsicht durch den Wunsch nach Erlösung. Der Meditierende wünscht sich nun, von allen Ebenen des Werdens, des Schicksals und der Zeugung in allen drei Welten befreit zu werden. Er wünscht sich Befreiung von allen Formationen und denkt: „Wie entkomme ich dieser ganzen Masse von Manifestationen, die alle mit Befleckungen verbunden sind?"

Einige Besonderheiten werden nun im Meditierenden bemerkbar, die im früheren Stadium nicht vorhanden waren. Er denkt ständig über seine Fehler nach. Er bleibt nicht bei seinem Meditationsobjekt. Er wird ruhelos und fühlt sich niemals wohl. Eine Zeitlang steht er von seinem Meditationsplatz auf und fängt an, hin und her zu gehen. Dann kommt er wieder und setzt sich hin. Er dreht sein Meditationskissen, so daß er in eine andere Richtung schaut. Er legt seine Roben mehrere Male zusammen und denkt daran, seine Bedarfsgegenstände zu wechseln. Verschiedene Ideen, wie er seine Zelle renovieren könnte und sogar wie er die Haltung anderer Menschen verändern könnte, kommen ihm in den Sinn. Dennoch hört er mit der Meditation nicht auf. In einer Situation wie dieser muß der Meditierende jedoch äußerst vorsichtig sein, sonst wird seine Meditation wahrscheinlich einen Rückschlag erleiden. Er sollte verstehen, daß all diese Launen und Phantasien vorübergehend sind. Wenn der Impuls aufkommen sollte, den Meditationsplatz zu einer unpassenden Zeit zu verlassen, sollte er es geistig vermerken und nicht darauf reagieren. Der Meditierende sollte den Entschluß fassen, im Umgang mit diesen launenhaften Ideen über das Wechseln der Haltungen, der Bedarfsartikel, usw. standhaft zu sein bis er diese Schwäche überwunden hat – ob es ein paar Minuten oder mehrere Stunden oder Tage dauert.

(7) Einsicht durch Kontemplation der Erwägung. — Wenn der Meditierende sich von dieser Krise wieder erholt hat, wächst seine geistige Kraft für die Betrachtung, und er erfährt eine Reihe wichtiger Einsichten. Diese Einsichten werden in mehrere Gruppen eingeteilt, die umfassendste heißt die »Achtzehn Arten des geläuterten Hellblicks«; eine Folge von »Vierzig Formen der Betrachtung« zeigt sich ihm mit Deutlichkeit*. Manchmal sind nur einige von diesen Einsichten erkennbar. Wenn sein Verstehen durch das geistige Vermerken Fortschritte macht, wird der Geist, der mit dem Etikettieren beschäftigt ist, schärfer. Die Aufgabe, die sich dem Meditierenden nun stellt, ist die fünf Anhaftungsgruppen als unbeständig, leidhaft und Nicht–Selbst zu erkennen. Die »Achtzehn Arten des geläuterten Hellblicks« und die »Vierzig Formen der Betrachtung« können alle auf diese drei Merkmale verteilt werden. Jede der obigen Betrachtungen vertreibt die Befleckungen durch die Methode des »Ersetzens mit dem Gegenteil«. Zusammen mit diesem Vorgang der Läuterung erreicht die »Einsicht in den Wunsch nach Erlösung« ihre Reife. Der Meditierende wird enthusiastischer in der Entfaltung der Einsicht und führt die Kontemplation durch die »Achtzehn Arten des geläuterten Hellblicks« und die »Vierzig Formen der Betrachtung« fort. Diese Art Betrachtung wird »Einsicht durch Kontemplation der Erwägung« oder »Betrachtende Einsicht« genannt.

---

* Die achtzehn Arten des geläuterten Hellblicks siehe Anhang 2.

Im Stadium der »Einsicht der Erwägung« neigt der Hellblick dazu, sich zu erneuern. Manche ungewöhnlichen körperlichen Schmerzen können auftreten, wenn man dieses Stadium erreicht hat. Man kann unter schweren Kopfschmerzen leiden, ein Gefühl der Schwere im Kopf, Schwerfälligkeit des Körpers, Schwindelgefühl oder Schläfrigkeit empfinden. Man sollte diese schmerzhaften Gefühle sorgfältig geistig vermerken und versuchen, sie zu ertragen. Dann werden diese Schmerzen allmählich nachlassen, so daß man von ihnen völlig befreit ist, bis man den Höhepunkt der Einsichtsmeditation erreicht. Manchmal entstehen Schmerzen aufgrund körperlicher Ursachen, wie z.B. gewöhnliche Krankheiten. Doch werden sogar solche Schmerzen, wenn sie durch reine Willenskraft überwunden worden sind, nicht wieder auftreten. Manchmal heilt diese Methode sogar chronische Beschwerden wie Kopfschmerzen.

Wenn die »Einsicht der Erwägung« aufsteigt, ist der Hellblick hochentwickelt. An diesem Punkt sieht es so aus, als würde die Einsicht ihren Höhepunkt erreichen. Das nötigt den Meditierenden, einen festen Entschluß zu fassen: „Was immer getan werden muß, um die Befreiung von der Existenz zu erlangen, all das werde ich tun."

(8) Einsicht durch Gleichmut hinsichtlich der Daseinsgebilde. Die nächste in der Folge der Einsichten ist die »Einsicht durch Gleichmut hinsichtlich der Daseinsgebilde». Der Gleichmut ist ein Ergebnis der Überzeugung, daß die grundlegende Arbeit des Entwurzelns der Befleckungen vollendet ist und daß in dieser Richtung keine weitere Bemühung notwendig ist. Die Einsicht durch Gleichmut steigt durch das Verstehen der Leere (*suññatā*) auf, alles ist leer

von einem Selbst und von dem, was zum Selbst gehört*. Da der Meditierende erkennt, daß es weder ein Selbst gibt noch irgend etwas was einem Selbst gehört, sowohl in Bezug auf ihn als auch auf andere, wird die Leere in vierfacher Weise verstanden:

(1) Es gibt kein »Ich–Selbst«.

(2) Es gibt nichts, was »meinem Selbst« gehört.

(3) Es gibt kein »Selbst eines anderen«.

(4) Es gibt nichts, was dem »Selbst eines anderen« gehört.

Wenn der Meditierende weiter alles, was ihm in dieser Art und Weise hochkommt, geistig vermerkt, wird der Geist, der mit der Beobachtung beschäftigt ist, schärfer und schärfer, bis er eine Phase unerschütterlicher Ruhe erreicht. In diesem Stadium, die »Gleichmut hinsichtlich der Daseinsgebilde« genannt wird, erlebt der Meditierende keinen Schrecken durch die Auflösung jeglicher Erscheinungen, weil er ihre letztendliche Leere erkannt hat. Noch gibt es da irgendeine Freude bezüglich der Schärfe der Betrachtung.

Wie die Visuddhi–Magga sagt: „Er läßt sowohl Schrecken als auch Freude hinter sich und wird indifferent und neutral hinsichtlich aller Erscheinungen." (P.P., S.765)

Die Betrachtung der Daseinsgebilde geht nun mühelos voran wie eine gut gebaute Kutsche, die von gut trainierten Pferden gezogen wird. Jegliches Betrachtungsobjekt zeigt sich dem Geist ohne besondere Mühe. Es ist so, als würde der Geist seine Betrachtungsobjekte unterstützen. So wie Wassertropfen, die auf ein Lotusblatt fallen, sofort abgleiten,

---

* «*Suññamidam attena vā attaniyena vā.*« (M. II, 263)

so bleiben auch keine ablenkenden Gedanken von Liebe und Haß im Geist des Meditierenden. Selbst wenn sich ihm ein anziehendes oder abstoßendes Objekt zeigt, um seine »Einsicht durch Gleichmut hinsichtlich der Daseinsgebilde« zu prüfen, so wird dies einfach an seinem Geist abgleiten, ohne Gier oder Haß zu erregen. In diesem Stadium ist Gleichmut vorhanden, weil der Meditierende alle Objekte in Bezug auf die vier Elemente versteht. Durch das Fehlen der Verunreinigungen scheint der Geist des Meditierenden rein wie der eines Arahants, obwohl an diesem Punkt die Befleckungen nur vorübergehend unterbunden sind, was vermittels des durch Einsicht vollzogenen »Ersetzens mit dem Gegenteil« bewirkt wird. Es ist eine große Leistung, wenn der Meditierende dieses Stadium des Gleichmuts weiter beibehalten kann.

Die Paṭisambhidāmagga beschreibt die »Einsicht durch Gleichmut hinsichtlich der Daseinsgebilde« so: „Weisheit, die aus dem Verlangen nach Befreiung besteht, ist in Verbindung mit Erwägung und Gelassenheit »Einsicht durch Gleichmut hinsichtlich der Daseinsgebilde«." (Ps. I, 60ff) Nach dieser Definition hat der Gleichmut hinsichtlich der Daseinsgebilde drei Stadien: (1) Wunsch nach Befreiung, (2) Erwägung und (3) Gelassenheit. Gelassenheit (santiṭṭhāna) ist ein bedeutsames Merkmal des Gleichmuts hinsichtlich der Daseinsgebilde. Sie beinhaltet die Kontinuität der Einsicht oder das Auftreten einer Folge von Einsichten in einem ununterbrochenen Vorgang. Keine abschweifenden Gedanken können diese Folge unterbrechen. Für einen Meditierenden, der dieses Stadium erreicht hat, gibt es nicht mehr viel zu tun.

Einige Meditierende sind nicht in der Lage, über die »Einsicht durch Gleichmut hinsichtlich der Daseinsgebilde«

hinauszugehen, weil sie in der Vergangenheit hohe Ziele gehabt haben, z.B. ein Buddha, Pacceka–Buddha* oder ein Hauptjünger zu werden. Tatsächlich kann man auf dieser Stufe feststellen, ob man solche Ziele in der Vergangenheit gehabt hat. Wenn der Meditierende dieses Stadium erreicht hat, fühlt es sich für ihn manchmal so an, als ob er einem hohen Ziel nachstrebt. Sogar für jemanden, der ein Buddha oder Pacceka–Buddha werden will, wird die »Einsicht durch Gleichmut hinsichtlich der Daseinsgebilde« für die Erfüllung der vollkommenen Weisheit hilfreich sein. Dieser »Gleichmut hinsichtlich der Daseinsgebilde« ist von nicht geringer Bedeutung, wenn man das hohe Maß von Einsichtsentwicklung auf dieser Stufe in Betracht zieht.

(9) Einsicht in Übereinstimmung. — Nach der »Einsicht durch Gleichmut hinsichtlich der Daseinsgebilde« kommt die »Einsicht in Übereinstimmung mit der Wahrheit« oder kurz »Einsicht in Übereinstimmung«. Um diese Einsicht zu erlangen, muß der Meditierende in der Meditation nichts Neues machen; diese Einsicht steigt einfach von selber auf, wenn die »Einsicht durch Gleichmut hinsichtlich der Daseinsgebilde« völlig zur Reife gekommen ist. Die Aufgabe der »Einsicht in Übereinstimmung« ist, mit den vorangegangenen Einsichten übereinzustimmen oder diese durch wiederholte Übung zu stabilisieren. Nach der Visuddhi–Magga muß diese Übereinstimmung in zweierlei Hinsicht verstanden werden: als Übereinstimmung mit der Wahrheit der acht vorangegangenen Einsichten und als Übereinstimmung

---

* Ein Buddha, der nicht lehrt.

mit den siebenunddreißig Erleuchtungsfaktoren*. Wenn die acht erlebten Einsichten wie acht Richter ihre Erklärungen abgeben, dann sitzt die »Einsicht in Übereinstimmung« wie ein gerechter König zu Gericht und stimmt unvoreingenommen, ohne Vorurteil, mit ihren Erklärungen überein mit den Worten: „Ihr habt alle eure Pflicht gut erfüllt." Und genauso, wie das Urteil eines gerechten Königs mit dem alten königlichen Brauch übereinstimmt, so stimmt diese »Einsicht in Übereinstimmung« nicht nur mit den acht Einsichtsstufen überein, sondern auch mit den siebenunddreißig Erleuchtungsfaktoren, die einem alten königlichen Brauch ähneln**.

Obwohl die »Einsicht durch Gleichmut hinsichtlich der Daseinsgebilde« im allgemeinen als Höhepunkt der »Läuterung durch den Erkenntnisblick des Pfades« angesehen wird, so ist es die »Einsicht in Übereinstimmung«, die dem Weg Vollständigkeit verleiht. Die »Läuterung durch den Erkenntnisblick des Pfades« hat genau genommen nur acht Einsichten, weil die letzte von ihnen, die »Einsicht durch Gleichmut hinsichtlich der Daseinsgebilde«, die »Einsicht in Übereinstimmung« mit einschließt.

---

*Die siebenunddreißig Erleuchtungsfaktoren beinhalten: die vier Grundlagen der Achtsamkeit, die vier rechten Anstrengungen, die vier Machtfährten, die fünf spirituellen Fähigkeiten, die fünf spirituellen Kräfte, die sieben Erleuchtungsglieder, und den Edlen Achtfachen Pfad. Nähere Erklärungen siehe Ledi Sayadaw "The requisits of Enlightenment", The Wheel (B.P.S.) Nr. 171–174.

**Siehe (P.P., S. 782 ff.)

Kapitel VII

Läuterung durch den Erkenntnisblick

(ñāṇadassanavisuddhi)

Mit der Vervollkommnung der »Einsicht durch Gleichmut hinsichtlich der Daseinsgebilde« sind sechs Stufen der Läuterung vervollständigt. Die Läuterung durch den Erkenntnisblick, die siebte und letzte Stufe, kommt als nächstes. Diese Läuterung besteht aus dem Erleben der vier überweltlichen Pfad–Momente. Doch bevor das direkt besprochen wird, müssen einige Dinge über den Vorgang gesagt werden, der unmittelbar dahin führt.

1. Der zum überweltlichen Pfad führende Hellblick (*vuṭṭhānagāmini vipassanā*)

Die fortgeschrittene Phase der »Einsicht durch Gleichmut hinsichtlich der Daseinsgebilde« wird »Der zum überweltlichen Pfad führende Hellblick« genannt. Diese Einsicht bringt einen zur Schwelle des überweltlichen Pfad–Momentes. Wenn diese Einsicht fortschreitet, steigt der Bewußtseinsprozeß (*cittavīthi*) auf, der den überweltlichen Pfad ankündigt. Wenn Meditierende mit geschärftem Hellblick die »Einsicht durch Gleichmut hinsichtlich der Daseinsgebilde« erreichen, erfüllen sie zu gleicher Zeit auch die Voraussetzungen für den zum überweltlichen Pfad führenden Hellblick und gehen sogleich zu den überweltlichen Pfad– und Frucht–Momenten über. Doch die Mehrzahl derer, die dieses Stadium erreichen, kommen nur an den Rand der »Einsicht in Übereinstimmung« und können nicht darüber hinaus, sondern kehren zur

»Einsicht durch Gleichmut hinsichtlich der Daseinsgebilde« zurück. Dies wird in der Visuddhi–Magga durch das Gleichnis der Krähe der Matrosen veranschaulicht.

„Wenn Matrosen an Bord eines Schiffes gehen, so erzählt man, daß sie eine sogenannte »Landfinder–Krähe« mitnehmen. Wenn das Schiff durch Sturm vom Kurs abgetrieben wird und kein Land in Sicht ist, dann lassen sie die Landfinder–Krähe frei. Die Krähe hebt vom Mastkorb ab und, nachdem sie alle Himmelsrichtungen erkundet hat, fliegt sie, wenn sie Land gesehen hat, geradewegs in dessen Richtung; andernfalls kehrt sie zurück und läßt sich auf dem Mastkorb nieder. Gleichermaßen weist die »Einsicht durch Gleichmut hinsichtlich der Daseinsgebilde«, wenn sie *Nibbāna*, den Zustand des Friedens, als friedvoll erkennt, das Auftreten aller Erscheinungen zurück und tritt nur in das *Nibbāna* ein. Erkennt sie es nicht, kommen immer wieder Daseinsgebilde als Betrachtungsobjekte in den Sinn." (P.P., S.766)

Wenn der Meditierende mit dem Dhamma gut vertraut ist und unterscheidende Weisheit hat, wird er verstehen, was geschehen ist. Dann kann er abermals die Daseinsgebilde betrachten und bis zur »Einsicht in Übereinstimmung« gehen.

Mittlerweile hat der Meditierende ein gutes Verständnis von der Natur aller zusammengesetzten Dinge erlangt (*saṅkhatadhammā*). So ist er in der Lage, Schlußfolgerungen im Hinblick auf das Wesen des Nichtzusammengesetzten (*asaṅkhata*) zu ziehen. Es gibt drei unverkennbare Eigenschaften der zusammengesetzten Dinge: (1) die Eigenschaft der Behinderung, (2) die Eigenschaft des Bezeichnens und (3) die Eigenschaft des Verlangens.

In Bezug auf die erste dieser Eigenschaften denkt der Meditierende: „Zusammengesetzte Dinge sind mit Behinderungen verbunden. *Nibbāna*, das ich suche, ist frei von

Hindernissen." Mit »Hindernissen« ist etwas gemeint, das dem Wesen nach behindert. Die Hindernisse haben die Eigenschaft, einen tugendhaften Menschen dazu zu veranlassen, die Tugendregeln zu verletzen und ihn hemmungslos werden zu lassen; sie haben die Eigenschaft, die Konzentration desjenigen zu unterbrechen, der nach Konzentration strebt, und ihn abzulenken; und die Eigenschaft, die Weisheit desjenigen zu verschleiern, der nach Weisheit strebt, und ihn in Verblendung zu stürzen. Zusammengesetzte Dinge behindern durch Begierde, Haß, Verblendung, Dünkel, Eifersucht, Ansichten usw. Im Nichtzusammengesetzten gibt es keinerlei Hindernisse.

Das Haupthindernis ist der Persönlichkeitsglaube. Wer von dieser Ansicht getäuscht ist, muß sie aufgeben. Das Hindernis, das durch Ansichten hervorgerufen wird, kann nur durch das Aufgeben der Ansichten verschwinden. *Nibbāna* ist frei von der Behinderung durch Ansichten. Es ist frei von dem Hindernis der Unsicherheit. Es ist tatsächlich von allen Hindernissen frei, die durch die Verunreinigungen verursacht werden.

Der Meditierende erkennt nun, daß alle zusammengesetzten Dinge von Hindernissen belastet sind. Er fühlt, daß er an dem Tage, wo er von diesen zusammengesetzten Dingen befreit ist, *Nibbāna* erlangen kann.

Was die »Eigenschaft des Bezeichnens« betrifft, erkennt der Meditierende, daß alle zusammengesetzten Dinge durch Benennung und Erscheinung offenbar werden. Alles in Körper und Geist (*nāma–rūpa*) wird durch verschiedene Faktoren bestimmt wie Zeit, Raum, Richtung, Gelegenheit, Farbe, Form usw. Wie der Buddha sagt:

„Wenn, Ānanda, all diese Formen, Eigenschaften, Zeichen und Merkmale durch die die Geist–Gruppe bestimmt wird, nicht vorhanden wären, gäbe es dann irgendeinen sprachlichen Eindruck in der Körper–Gruppe?"

„Das würde es nicht, Herr."

"Wenn, Ānanda, all diese Formen, Eigenschaften, Zeichen und Merkmale durch die die Körper–Gruppe bestimmt wird, nicht vorhanden wären, gäbe es dann irgendeinen bleibenden Eindruck in der Geist–Gruppe?"

„Das würde es nicht, Herr."

„Und wenn, Ānanda, all diese Formen, Eigenschaften, Zeichen und Merkmale durch die eine Kennzeichnung von Körper und Geist zustande kommt, nicht vorhanden wären, gäbe es dann irgendeine Verbindung?"

„Das würde es nicht, Herr."

„Daher, Ānanda, ist dies allein der Grund, der Ursprung, die Bedingung für diese Verbindung, das heißt für Körper und Geist."

(D. II, S.62; Mahā–Nidāna Sutta)

Alle zusammengesetzten Strukturen beruhen auf einer Grundlage des Leids: »Die Welt beruht auf Leiden.« (Sn. I, 40) Der Meditierende versteht, daß *Nibbāna* frei von Leid ist. Zusammengesetzte Dinge unterliegen Verfall und Tod. In dem Nichtzusammengesetzten gibt es keinen Verfall und keinen Tod. Auch die Idee, daß *Nibbāna* eine Beruhigung sei, kommt dem Meditierenden jetzt in den Sinn.

»Verlangen« bedeutet »Wunsch« oder »Sehnsucht«. Zusammengesetzte Dinge sind auf Wünsche ausgerichtet. Ihr Vorhandensein ist schon mit Sehnsucht und Verlangen verbunden. Essen und Trinken, Kleidung und Unterkunft, das Stück Seife, die Rasierklinge und der Besen – alle diese Dinge sind ständig dabei, sich abzunutzen. Verschiedene Bemühungen sind nötig, um diesen Vorgang des Verfalls aufzuhalten, und all diese Anstrengungen sind der Sehnsucht entsprungen. Wenn ein Wunschobjekt zerfällt, sehnt sich der Mensch nach einem anderen. Er sehnt sich unaufhörlich aufgrund der wunscherzeugenden Natur der zusammengesetzten Dinge und der drängenden Impulse, die sie hervorrufen.

Wenn der Meditierende folgern kann, daß das Nichtzusammengesetzte frei von diesen Merkmalen ist, fühlt sich sein Herz sehr erleichtert. So richtet er seine Aufmerksamkeit auf das Nichtzusammengesetzte, und versucht sein Bestes, um es zu erlangen. Er weiß genau, daß das Zusammengesetzte voll Leid ist und daß das Nichtzusammengesetzte frei von Leid ist, und bringt daher die nötige Anstrengung auf mit dem Entschluß: »Irgendwie werde ich es erlangen.« Wenn er sich derartig bemüht, entwickelt sich in ihm der zum überweltlichen Pfad führende Hellblick.

Der zum überweltlichen Pfad führende Hellblick, ist der Höhepunkt des Erkenntnisblickes. Diese Einsicht führt direkt und unfehlbar zum überweltlichen Pfad, was in dem Begriff »zum überweltlichen Pfad führend« enthalten ist. Der zum überweltlichen Pfad führende Hellblick umfaßt drei Arten der Einsicht: voll ausgereifte »Einsicht durch Gleichmut hinsichtlich der Daseinsgebilde«, »Einsicht in Übereinstimmung« und »Reife–Erkenntnis« (die noch besprochen werden muß). Hier werden die weltlichen Bewußtseinsmomente im Bewußtseinsablauf erfaßt, der in den überweltlichen Pfad mündet. Dies sind die Blitz–Momente des Geistes, die vorbereitende Arbeit (*parikamma*), Angrenzung (*upacāra*) und Anpassung (*anuloma*) genannt werden. Da das Stadium der »vorbereitenden Arbeit« die Aufgabe hat, sich um die Schwächen im Gleichgewicht der spirituellen Fähigkeiten zu kümmern, können manche Meditierende mit starken und ausbalancierten Fähigkeiten dieses Stadium überspringen und nur »Angrenzung« und »Anpassung« durchlaufen. Die anderen müssen alle drei Phasen erleben. In diesem Stadium arbeitet der Geist mit solch einer Schnelligkeit, daß die Dauer des ganzen Vorgangs in Geistes–Momenten berechnet werden muß.

Bis zu dem zum überweltlichen Pfad führenden Hellblick hat der Meditierende die drei Merkmale aller Daseinsformen betrachtet: Unbeständigkeit, Leidhaftigkeit und Nicht–Selbst. Wenn er mit scharfer Einsicht weiterhin die drei Merkmale untersucht, wird ein Merkmal, wenn er den zum überweltlichen Pfad führenden Hellblick erreicht, deutlicher als die anderen hervortreten. Welches mehr hervorsticht, hängt von seinen vorherrschenden spirituellen Fähigkeiten ab. Jemand, der starkes Vertrauen hat, wird die Unbeständigkeit erkennen und anschließend *Nibbāna* als das von Merkmalen und Formen Freie (*animitta*) verstehen; sein Pfad wird formlose Befreiung benannt. Jemand, in dem Konzentration vorherrschend ist, wird das Kennzeichen der Leidhaftigkeit erkennen und *Nibbāna* als das Wunschlose (*appaṇihita*) verstehen; sein Pfad wird die wunschlose Befreiung genannt. Jemand, in dem Weisheit vorherrschend ist, wird das Kennzeichen des Nicht–Selbst erkennen und anschließend *Nibbāna* als Leere (*suññatā*) verstehen; sein Pfad wird die Leerheits–Befreiung genannt. Das besonders herausragende Merkmal taucht klar in dem entwickeltsten Stadium der »Einsicht durch Gleichmut hinsichtlich der Daseinsgebilde« auf und bleibt als Art des Erkennens durch die drei Phasen hindurch bestehen, die zum überweltlichen Pfad führen: vorbereitende Arbeit, Angrenzung und Anpassung.

2. Reife–Erkenntnis

(Einsicht in die Änderung der Abstammung)

(*gotrabhūñāṇa*)

Während dieser drei Phasen arbeitet der Geist des Meditierenden mit den Daseinsgebilden als Meditationsobjekt. Er erkennt alle Gebilde als unbeständig, leidhaft und Nicht–Selbst. Aber mit dem nächsten Schritt, der Reife–Erkenntnis (*gotrabhūñāṇa*), tritt eine radikale Veränderung ein. Sobald sich die Reife–Erkenntnis einstellt, läßt der Geist die Daseinsgebilde los und nimmt *Nibbāna* als sein Objekt. Diese Einsicht heißt auch »Änderung der Abstammung«, weil der Meditierende an diesem Punkt seinen Status wechselt, d.h. aus dem Weltling (*puthujjana*) wird ein Edler (*ariya*). In den drei Phasen, die der »Änderung der Abstammung« vorausgehen, werden die Verunreinigungen zeitweilig durch das »Ersetzen mit dem Gegenteil« aufgegeben. Die »Änderung der Abstammung« selbst gibt die Verunreinigungen noch nicht unmittelbar auf, aber sie kündigt den Beginn des überweltlichen Pfades an, der die Verunreinigungen für immer entwurzelt.

Nach der Definition, die in der Paṭisambhidāmagga gegeben wird, ist die »Einsicht in die Änderung der Abstammung« das Erkennen des Sicherhebens und Sichabwendens von Äußerlichkeiten. Diese Einsicht entsteht aus der Sicht der Daseinsgebilde als Erscheinungen und wendet sich von ihren Geschehnissen ab. Das Bewußtseinsobjekt ist zweifach: als »Merkmal« (*nimitta*) und als »Ereignis« (*pavatta*). »Merkmal« ist der Modus und »Ereignis« bedeutet das Geschehen von Verunreinigungen und Manifestationen. Im Stadium der »Änderung der Abstammung« gibt das Bewußtsein das »Merkmal« auf, so daß es sich beinahe automatisch der Wirklichkeit, die ohne Merkmale und Formen ist, bewußt wird. Mit anderen Worten, es nimmt *Nibbāna* als Objekt. Auf dieser Stufe sind die Verunreinigungen als solche noch nicht zerstört. Aber die Neigung des Geistes, Gebilde vermittels Bezeichnung und Erscheinung zu ergreifen, ist aufgegeben, und darum werden die Zeichen, die mit den Verunreinigungen verbunden waren, überwunden. Diese Neigung wurde schon in großem Maße im vorangegangenen Verlauf der Einsichtsmeditation überwunden, wenn zum Beispiel der Atem nicht mehr wahrnehmbar war und das Körperbewußtsein aufhörte. Wenn aber der Geist bei der »Änderung der Abstammung« die Bezeichnungen hinter sich läßt, ist es unwiderruflich.

Während der vorangegangenen Stufen der Einsicht bis einschließlich des »Gleichmuts hinsichtlich der Daseinsgebilde« ist ein Rückschlag statt weiteren Fortschritts möglich. Wenn aber die »Änderung der Abstammung« eintritt, ist das Erlangen des überweltlichen Pfades gewiß. Während die Vorbereitung, Angrenzung und Anpassung als weltliche (*lokiya*) Geistes–Momente in dem Bewußtseinsablauf angesehen werden und Pfad und Frucht als überweltlich (*lokuttara*), nimmt die »Änderung der Abstammung« eine Position zwischen dem Weltlichen und dem Überweltlichen ein. Die Visuddhi–Magga beschreibt den Vorgang der Umwandlung, den dieses Ereignis verursacht, mit einem anschaulichen Gleichnis:

> „Ein Mann, der da über einen großen Wassergraben zu springen und am anderen Ufer Fuß zu fassen wünscht, ergreift in vollem Laufe einen auf dem diesseitigen Ufer an einem Baumaste befestigten und herabhängenden Strick oder eine Stange und springt ab, indem er den Körper zum anderen Ufer hinneigt, hinbeugt, hinwendet. An einer erhöhten Stelle am anderen Ufer angelangt, läßt er jenen Strick los; und nachdem er am anderen Ufer

zitternd niedergefallen ist, erhebt er sich wieder langsam. Genau so auch ist es mit dem Übenden, der im *Nibbāna* festen Fuß zu fassen wünscht, auf dem anderen Ufer des Daseins, jenseits der Wiedergeburten, Daseinsfährten, Bewußtseinssphären und Wesenswelten. Mit Geschwindigkeit in den Betrachtungen über Entstehen und Vergehen usw. vorwärts eilend, erfaßt er vermittels der Fähigkeit der Anpassung den am Aste des Persönlichkeitsbaumes befestigten und herabhängenden Körperlichkeitsstrick oder eine der Stangen wie Gefühl usw. als vergänglich, leidhaft oder unpersönlich. Und ohne davon loszulassen, springt er vermittels des ersten »Anpassungsbewußtseins« vorwärts; vermittels des zweiten ist er, gleichsam wie der zum anderen Ufer hingeneigte, hingebeugte, hingewandte Körper, mit dem Geiste zum *Nibbāna* hingeneigt, hingebeugt, hingewandt; vermittels des dritten aber befindet er sich, gerade wie der an erhöhter Stelle des anderen Ufer angelangte Mann, in der Nähe des nunmehr zu erreichenden *Nibbānas*; und durch Aufhebung dieses Bewußtseins jene entstandenen Gebilde als Objekt loslassend, läßt er sich vermittels des Reife–Bewußtseins im Ungewordenen nieder, auf dem jenseitigen Ufer, im *Nibbāna*. Solange er aber infolge nicht vollendeter Übung noch bei einer einzigen Vorstellung erzittert, solange steht er, gerade wie jener Mann, noch nicht ganz fest. Darauf aber faßt er mit Hilfe des Erkennens von Pfad und Frucht festen Fuß."

(Vism., S.673 ff.; P.P., S.786 ff.)

3. Die überweltlichen Pfad– und Frucht–Momente

In demselben Bewußtseinsablauf kommt gleich nach dem Geistes–Moment der »Änderung der Abstammung« der überweltliche Pfad–Moment, auf den der entsprechende Frucht–Moment unmittelbar folgt. Sowohl der Pfad–Moment als auch der Frucht–Moment haben *Nibbāna* zum Objekt. Der Pfad–Moment (*magga*) dauert nur einen einzigen Bewußtseinsmoment, während der Frucht–Moment (*phala*) zwei oder drei Geistes–Momente anhält. Diejenigen mit scharfen Geisteskräften, die das Stadium der vorbereitenden Arbeit übersprungen hatten, erleben drei Augenblicke des Frucht–Moments. Die anderen erleben den Frucht–Moment nur zwei Augenblicke lang. Alle diese Geschehnisse, die drei vorbereitenden Momente, der Pfad– und Frucht–Moment, gehören zu einer einzigen Bewußtseinsabfolge, die »Bewußtseinsablauf des Pfades« genannt wird, weil sie die befreiende Einsicht des Pfades bringt. Nach diesem Bewußtseinsablauf ereignet sich ein neuer Bewußtseinsablauf mit dem Zweck, das Erlangen des Pfad–Moments rückwirkend zu betrachten. Diese Rückblick–Erkenntnis (*paccavekkhaṇa-ñāṇa*) nimmt Daseinsgebilde als ihr Objekt, nicht *Nibbāna* wie es in den Pfad– und Frucht–Momenten geschieht*.

Das Pfad–Bewußtsein hat die Eigenschaft sich von »Merkmalen« und »Ereignissen« zu lösen. »Das Verstehen des Sicherhebens und Sichabwendens von beiden (d.h. vom »Geschehen« der Verunreinigungen und von den »Merkmalen« der Daseinsgruppen, die durch sie hervorgebracht werden) ist die Einsicht in den Pfad.« (Ps. I, 69) Bis zu diesem Zeitpunkt war der Meditierende bereits davon überzeugt, daß Daseinsgebilde leidhaft sind und daß ihr Schwinden, *Nibbāna*, Glückseligkeit ist. Bei dem Pfad–Moment verwirklicht er diese Erkenntnis durch das unmittelbare Erleben von *Nibbāna*. Die Paṭisambhidāmagga sagt: „Wenn man die Daseinsgebilde als leidhaft erkennt und ihr Schwinden als Glückseligkeit, wird dies das Verstehen des Sicherhebens

---

* Siehe Anhang 3

und Sichabwendens von Verunreinigungen und Daseinsgebilden genannt. Diese Einsicht berührt das Todlose.« (Ps. I, 70) Die Milindapañha beschreibt den Übergang von der Einsichts–Kontemplation der Gebilde zu der Verwirklichung von *Nibbāna* durch den Pfad–Moment wie folgt: „Wenn er den Bereich der Betrachtung geistig durchwandert, überwindet sein Bewußtsein das ununterbrochene Auftauchen der Daseinsgruppen und läßt sich im Nicht–Geschehen nieder. Jemand, der richtig praktiziert und sich im Nicht–Geschehen niedergelassen hat, oh König, hat demnach *Nibbāna* verwirklicht."

(Mp., 326)

Der Meditierende hat die ganze vorangegangene Arbeit der Praxis unternommen, um den überweltlichen Pfad zu erreichen; Ziel und Zweck seiner Anstrengungen, die Vervollkommnung der Tugend und die Entwicklung der Meditation, war das Erwecken des Pfad–Bewußtseins. Das Pfad–Bewußtsein erfüllt in einem einzigen Moment vier Funktionen, von denen jede eine der vier Edlen Wahrheiten betrifft:

(1) Es durchdringt die Wahrheit vom Leid, indem es dieses vollkommen versteht.
(2) Es durchdringt die Wahrheit vom Entstehen des Leids (Begehren), indem es dieses aufgibt.
(3) Es durchdringt die Wahrheit des Pfades (den Edlen Achtfachen Pfad), indem es ihn entfaltet.
(4) Es durchdringt die Wahrheit vom Ende des Leids (*nibbāna*), indem es dieses verwirklicht.

Diese gleichzeitige Ausübung von vier Funktionen kann durch bestimmte Naturerscheinungen, wie die Sonne, veranschaulicht werden. Mit dem Aufgehen der Sonne werden sichtbare Objekte beleuchtet, die Dunkelheit wird vertrieben, das Licht erscheint, und die Kälte hat ein Ende. Wie die

Sonne sichtbare Objekte beleuchtet, so versteht die Pfad–Einsicht vollkommen das Leiden. Wie die Sonne die Dunkelheit vertreibt, so gibt die Pfad–Einsicht den Ursprung des Leidens auf. Wie die Sonne Licht sichtbar werden läßt, so entwickelt die Pfad–Einsicht (als Rechte Ansicht) die (anderen) Faktoren des Achtfachen Pfades. Wie die Sonne die Kälte vertreibt, so verwirklicht die Pfad–Einsicht den Stillstand, was die Befleckungen unterbindet.

Es gibt vier überweltliche Pfad–Momente, die durchlebt werden müssen, um vollkommene Reinheit und Befreiung zu erreichen. Diese sind: der Pfad–Moment des Stromeintritts, der Pfad–Moment des Einmalwiederkehrers, der Pfad-Moment des Nichtwiederkehrers und der Pfad–Moment der Arahantschaft*. Diese vier Pfad–Momente müssen nacheinander erlangt werden. Das Erreichen aller vier kann in einem einzigen Leben geschehen, oder es kann sich über mehrere Leben erstrecken. Doch wenn der erste Pfad–Moment erreicht ist, hat der Meditierende die Gewißheit, daß er niemals mehr vom Pfad abfällt und bestimmt den letzten Pfad– und Frucht–Moment in höchstens sieben Leben erreichen wird.

Jeder Pfad–Moment geschieht nur einmal. Jeder hat einen bestimmten Bereich von Befleckungen zu sprengen. Wenn ein Pfad–Moment aufsteigt, werden durch die Kraft der Einsicht sofort die Verunreinigungen in seinem Bereich gesprengt. Der erste Pfad–Moment, der Pfad–Moment des Stromeintritts, zerreißt die drei Fesseln der Persönlichkeitsansicht, des Zweifels und des Anhaftens an Regeln und Ritualen. Jemand, der diesen Pfad–Moment und seinen folgenden Frucht–Moment erlebt, wird ein Stromeingetretener

---

* *Sotāpattimagga, sakadāgāmimagga, anāgāmimagga, arahattamagga.*

(sotāpanna). Er ist in den Strom des Dhamma eingetreten, ist von der Möglichkeit einer Wiedergeburt in den vier niederen Ebenen (vgl. S. 106) für immer befreit und wird höchstens siebenmal in menschlicher oder himmlischer Welt wiedergeboren, bis er das letzte Ziel erreicht.

Der zweite Pfad–Moment, der Pfad des Einmalwiederkehrers, entwurzelt keine Verunreinigung vollständig, doch reduziert er die Wurzeln von Gier, Haß und Verblendung erheblich. Jemand, der als Einmalwiederkehrer (*sakadāgāmi*) stirbt, wird nur noch einmal auf der menschlichen Ebene wiedergeboren, bis er Befreiung erlangt.

Der dritte Pfad–Moment, der Pfad des Nichtwiederkehrers, sprengt die zwei Fesseln des sinnlichen Verlangens und der Abneigung. Jemand, der als Nichtwiederkehrer (*anāgāmi*) stirbt, wird nicht mehr in der Sinnenwelt wiedergeboren. Er wird nur in den höheren Brahma–Welten wiedergeboren, wo er die letzte Befreiung erlangt.

Der vierte Pfad–Moment, der Pfad der Arahantschaft, entwurzelt die fünf subtilen Fesseln: das Verlangen nach feinkörperlichem Dasein (in den Brahmawelten), das Verlangen nach nichtkörperlichem Dasein (in den formlosen Welten), Dünkel, Rastlosigkeit und Unwissen. Der Arahant oder Befreite ist von allen Fesseln an den Kreislauf des *Saṁsāra* (Wiedergeburten) befreit. Er lebt im vollkommenen Erlangen der Befreiung.

Die »Läuterung durch den Erkenntnisblick«, die siebte und letzte Stufe der Läuterung, besteht aus der Einsicht in die vier überweltlichen Pfad–Momente. Nach jedem einzelnen Pfad–Bewußtsein tritt das entsprechende Frucht–Bewußtsein als sofortiges Ergebnis auf. Während der Pfad–Moment die Aufgabe des Zerstörens der Verunreinigungen erfüllt, erfährt der Frucht–Moment die Glückseligkeit des

Nibbāna, wenn die aufwendige Anstrengung nachläßt: »Das Verstehen des Aufgebens der Bemühungen ist die Einsicht in den Frucht–Moment.« (Ps. I, 71)

Da das Frucht–Bewußtsein sofort auf die Einsicht in den Pfad–Moment ohne Zeitabstand folgt, wird die Pfad–Moment–Konzentration »Konzentration–mit–sofortigem–Ergebnis« (*ānantarika samādhi*) genannt. Diese unbeschreiblich starke Konzentration ermöglicht es der Weisheit, den Bereich der Verunreinigungen zu durchdringen und das geistige Kontinuum zu läutern. Die Paṭisambhidāmagga legt dar: „Das Erkennen des Entwurzelns der Verunreinigungen infolge der Reinheit der Nicht–Ablenkung ist Einsicht in die »Konzentration–mit–sofortigem–Resultat«." (Ps. I, 2) Die Kommentare berichten, daß einige die Meinung vertraten, die Frucht–Moment–Einsicht steige Stunden oder Tage nach der Pfad–Moment–Einsicht auf. Der Begriff »mit–sofortigem–Resultat« vermittelt jedoch eindeutig die Unmittelbarkeit (wörtlich: »ohne Pause«). Also ist diese abweichende Ansicht grundlos.

4. Rückblick–Erkenntnis
(*paccavekkahanañāṇa*)

Nach dem Frucht–Moment kommt die »Rückblick–Erkenntnis«. Mit dieser Einsicht blickt der Meditierende auf fünf Dinge zurück: den Pfad–Moment, den Frucht–Moment, die aufgegebenen und die übriggebliebenen Befleckungen und *Nibbāna*. So ist es im Falle des Stromeingetretenen, des Einmalwiederkehrers und des Nichtwiederkehrers. Der Arahant aber hat keine Rückschau auf die verbleibenden Befleckungen, weil er sie völlig abgeschnitten hat. Folglich gibt es höchstens neunzehn Arten der Rückschau, obwohl manche Schüler nicht die aufgegebenen und verbliebenen Verunreinigungen rückwirkend betrachten. Manche versäumen, gleich diese Rückschau zu halten, weil die Freude des Erlangten sie erregt. Sie können jedoch ihren Status auch durch spätere Betrachtung überprüfen. Die abweichende Ansicht, daß es einen Zeitraum zwischen dem Pfad– und dem Frucht–Bewußtsein gäbe, könnte durch ein Mißverständnis in Fällen solch späterer Betrachtung aufgekommen sein. Die Rückschau ist keine absichtliche Handlung, sondern etwas, das von selbst geschieht. Also ist nichts daran falsch, wenn es hinterher stattfindet.

Mit dem Erlangen der ersten drei Frucht–Momente kommt der Meditierende zur Zeit der Rückschau zu der Überzeugung, daß ein wesentlicher Teil seiner Aufgabe erledigt ist. Wenn der Frucht–Moment der Arahantschaft durch die Einsicht in den vierten Pfad–Moment erlangt ist, gewinnt er die glückselige Erkenntnis, daß seine Aufgabe vollkommen erfüllt ist: „Er versteht, 'Zerstört ist Geburt, das heilige Leben ist gelebt, was zu tun war, ist getan, es gibt nichts darüber hinaus.'" (M. I, 41; M.L.S. I, 50)

* * *

Schlußwort

Was wir erklärt haben, gibt nur einen allgemeinen Abriß der sieben Stufen der Läuterung und der aufeinanderfolgenden Einsichten. Dies ist keinesfalls ein umfassender Überblick über das Gebiet der Meditation. Für den Anfänger, am Beginn der Praxis, ist es wesentlich, die Methode des geistigen Vermerkens klar zu verstehen. Jede Nachlässigkeit in dieser Hinsicht wird bestimmt den Fortschritt in der Meditation mindern oder verlangsamen. So sollte man diese Übung des geistigen Vermerkens mit Vertrauen und Sorgfalt befolgen. Bei jeder Meditationsmethode sollten Achtsamkeit und vollkommene Bewußtheit besondere Zuwendung bekommen.

Ein Übender sollte anderen seine meditativen Fähigkeiten nicht bekanntgeben, denn die Preisgabe der eigenen Verwirklichungen geschieht normalerweise unter dem Einfluß der Befleckungen. Es ist jedoch nichts dagegen einzuwenden, seine Erfahrungen einem geeigneten Menschen, wie dem Lehrer oder einem fortgeschrittenen Praktizierenden zu eröffnen, wenn man Anweisungen bekommen will.

In alten Zeiten machten die Menschen zum Feuermachen von einem bestimmten Werkzeug Gebrauch. Es bestand aus zwei Holzstücken, einem oberen und einem unteren Zündholz. Um ein Feuer zu entfachen, mußte man lange Zeit unaufhörlich mit dem oberen Zündholz gegen das untere Zündholz reiben. Wenn man nach einer Weile des Aneinanderreibens, wenn die Stäbe schon etwas warm geworden waren, sich ausruhte, dann mußte man wieder ganz von vorne anfangen. Um ein Feuer zu entfachen, mußte man daher die Anzündestäbe unaufhörlich aneinanderreiben, wie lange es auch dauern mochte, bis ein Feuer entstand. Der

Meditierende muß in der gleichen Weise vorgehen. Er kann nicht erfolgreich sein, wenn er hin und wieder praktiziert. Er muß sich der Meditation ohne Unterbrechung hingeben, bis das höchste Ziel seines Bestrebens verwirklicht ist.

„Wissen und Erkennen des Auges, ihr Mönche, wie es wirklich ist, Wissen und Erkennen der Formen, wie sie wirklich sind, Wissen und Erkennen des Seh–Bewußtseins, wie es wirklich ist, Wissen und Erkennen des Augen–Kontaktes, wie er wirklich ist und Wissen und Erkennen jeglicher Gefühle, – angenehm, unangenehm oder weder angenehm noch unangenehm – abhängig vom Seh-Kontakt aufsteigend, wie er wirklich ist. Dann hängt man nicht am Auge, hängt nicht an den Formen, hängt nicht am Seh–Bewußtsein, hängt nicht am Seh–Kontakt und hängt sogar auch nicht am Gefühl – angenehm, unangenehm oder weder angenehm noch unangenehm –, das abhängig vom Seh–Kontakt aufsteigt."

„Wenn er ohne Anhaften, ohne Fesseln, ohne Leidenschaft verweilt und die Gefahr (beim Auge etc.) betrachtet, bei dem wird das Anhaften an den fünf Daseinsgruppen in der Zukunft verringert werden. Die Daseinsbegierde, die Geburt hervorruft, die von Freude und Gier begleitet wird, hier und dort Freude findet, vermindert sich in ihm. Seine körperlichen Störungen hören auf, seine geistigen Störungen hören auf. Seine körperlichen Bedrängnisse hören auf, seine geistigen Bedrängnisse hören auf. Seine körperlichen Leiden hören auf, seine geistigen Leiden hören auf. Und er erlebt körperliches und geistiges Glück. Was immer für Ansichten so ein Mensch hat, sie werden rechte Ansichten sein. Was immer für Absichten er hat, sie werden rechte Absichten sein. Was immer für Anstrengungen er unternimmt, sie werden rechte Anstrengungen sein. Was immer für Achtsamkeit er hat, sie entwickelt sich zur rechten Achtsamkeit. Was immer für Konzentration er hat, sie wird für ihn rechte Konzentration. Seine körperlichen Handlungen und seine sprachlichen Äußerungen und der Erwerb seines Lebensunterhalts waren schon früher geläutert. So wird dieser Edle Achtfache Pfad in ihm durch Entwicklung vervollkommnet."

„Während der Edle Achtfache Pfad sich in ihm so entfaltet, werden die vier Grundlagen der Achtsamkeit und die vier rechten Anstrengungen auch durch seine Entwicklung vervollständigt … und die vier Machtfährten ... und die fünf spirituellen Fähigkeiten … und die fünf spirituellen Kräfte … und die sieben Erleuchtungsfaktoren vervollkommnen sich durch Entfaltung. In ihm geschehen zwei Dinge, nämlich: Ruhe und Einsicht. Die Dinge, die durch »Erkanntes Erleben« verstanden werden sollten, versteht er vollkommen. Die Dinge, die durch »Erkanntes Erleben« aufgegeben werden sollten, gibt er auf. Die Dinge, die durch »Erkanntes Erleben« entwickelt werden sollten, entwickelt er. Und die Dinge, die durch »Erkanntes Erleben« erkannt werden sollten, erkennt er."

(M. III, Nr.149, S.287 ff.; Mahāsaḷāyatanika Sutta)

* * *

Anhang 1

Der Aufruf zum meditativen Leben

Der Wert des Lebens eines meditativen Mönchs kann gar nicht hoch genug eingeschätzt werden. Es gibt verschiedene wunderbare Arten des Lebens in dieser Welt. Aber es kann kaum einen wunderbareren Lebensweg als den eines meditativen Mönchs geben. Tatsächlich habt Ihr guten Grund, Euch zu gratulieren, diesen Lebensweg eingeschlagen zu haben. Dieses Leben als meditativer Mönch ist nicht nur unschätzbar wertvoll, sondern lauter und rein. Alle anderen herrlichen Lebensarten in der Welt haben mit äußerlichen Dingen zu tun. Sie sind auf äußerliche Abläufe ausgerichtet. Das Leben eines Meditierenden dagegen hat mit den inneren Abläufen zu tun – mit dem Vorgang der Geisteskontrolle. Der Buddha war der größte Meditierende aller Zeiten. Das Leben als meditativer Mönch hat in ihm seine Quelle. Die Geburt eines Buddha ist ein äußerst seltenes Geschehen in der Welt. Nicht alle, die seinem Dhamma zuhören, mögen dieses Leben der Meditation. Nur ein paar wenden sich dem meditativen Leben ernsthaft zu. Seid glücklich, daß Ihr zu diesen wenigen Glücklichen gehört.

Denkt an den inneren Frieden, der ein Ergebnis der Dhamma–Praxis ist, wie der Buddha es gelehrt hat. Wenn Euch an einem denkwürdigen Tag Eures Lebens der Gedanke an Entsagung kam, vom Haus in die Hauslosigkeit zu ziehen, so war es das Ergebnis einer starken Geisteskraft in Euch. Ihr solltet Euch dieses Ereignis immer wieder ins Gedächtnis rufen, als eines von großer Bedeutung in Eurem Leben. Ihr seid in der Lage gewesen, Vater und Mutter, Frau und Kinder, Freunde und Verwandte und jeglichen Reichtum zurückzulassen, weil das Hören des Dhamma eine starke Gedankenkraft und den Geist der Entsagung entfacht hat. Ihr solltet diese starke Willenskraft unter keinen Umständen aufgeben. Ihr könnt versichert sein, daß der Schritt, den Ihr gemacht habt, dem Ideal des »Fortziehens«, das in den Lehrreden beschrieben ist, entspricht. Die Sāmaññaphala–Sutta (Die Lehrrede von den Früchten der Entsagung) aus der Dīgha Nikāya (Der Langen Sammlung) schildert den wahren Geist der Entsagung, der den Vorgang des »Fortziehens« durchdringt, mit diesen Worten:

> „Ein Haushälter oder der Sohn eines Haushälters oder jemand, der in dieser oder jener Familie geboren wurde, hört das Dhamma. Und beim Hören des Dhamma bekommt er Vertrauen in den Vollendeten. Wenn er von diesem Vertrauen ergriffen ist, erwägt er: ‚Das Leben als Haushälter ist voller Beschwernisse – ein Weg für den Staub der Leidenschaften. Das »Fortziehen« ist so, als wäre man an der frischen Luft. Für jemanden, der im Haushalt lebt, ist es nicht leicht, das heilige Leben in seiner ganzen Fülle, in seiner ganzen Lauterkeit, mit der makellosen Vollkommenheit einer polierten Muschel zu leben. Laß' mich darum meine Haare und den Bart abschneiden, die Safran-Robe anziehen und vom Haus in die Hauslosigkeit hinausziehen.' Dann verläßt er alsbald sein Besitztum, ob groß oder klein, verläßt seine Verwandtschaft, ob groß oder klein, zieht sich die Safran–Robe an und zieht vom Haus in die Hauslosigkeit." (D. I, S.62 ff.)

Mit dieser Art des »Fortziehens« seid Ihr in eine Umgebung eingetreten, die der Entwicklung des Geistes am Besten entspricht. Doch wie bei jedem anderen Abenteuer muß man auch hier auf der Hut vor möglichen Gefahren sein. Es gibt vier Stadien im Leben eines meditativen Mönchs:

(1) Das Ereignis des »Fortziehens« aus dem Leben als Haushälter.

(2) Das vorbereitende Stadium in seinem meditativen Leben, in dem er in der Abgeschiedenheit beginnt, seinen Geist mit Hilfe eines Meditationsobjektes zu zähmen.

(3) Im Verlauf der Meditation in der Abgeschiedenheit stößt er auf Gefahren.

(4) Das Genießen der Ergebnisse seiner Meditation.

Um diese Stadien zu veranschaulichen, können wir zunächst das »Fortziehen« des Meditierenden mit dem Erreichen einer Lichtung im Dschungel vergleichen, nachdem er durch dorniges Dickicht hindurchgegangen war. Das Leben im Haushalt ist tatsächlich ein Dickicht voller Dornen. Aber obwohl man eine Lichtung im Dschungel erreicht hat, begegnen einem dennoch Gefahren durch wilde Tiere und Reptilien. So muß der Meditierende in der vorbereitenden Phase der Praxis vielen ablenkenden Gedanken begegnen, die so gefährlich sind wie wilde Tiere und Reptilien. Doch durch Beharrlichkeit überwindet er erfolgreich diese Gefahren. Es ist, als würde man ein wertvolles Stück Land erreichen, nachdem man durch ein Gefahrengebiet hindurchgegangen ist. In diesem Stadium hat der Meditierende einen Sieg über die ablenkenden Gedanken errungen. Nun bewundert ihn die Welt mit ihren Göttern als einen Menschen von großem Wert und fängt an, ihm andächtig Verehrung zu bezeugen. Doch dann stolziert der Meditierende, selbstzufrieden durch seinen anfänglichen Erfolg, durch sein wertvolles Stück Land und bleibt im Sumpf stecken. Eigener Vorteil, Ruhm und Lob sind mit dem Sumpf zu vergleichen. Manche Meditierende stecken bis zum Hals in diesem Morast und können nicht herauskommen. Andere bleiben eine Zeitlang darin stecken, schaffen es aber sich herauszuarbeiten. Während andere die Gefahren rechtzeitig sehen und sie von vornherein vermeiden.

Das Leben eines Meditierenden ist also nicht nur kostbar, sondern hat auch Klippen, die ein großes Maß an Umsicht verlangen. Ich hoffe, daß diese Beobachtungen Euch einigen Stoff zum Nachdenken geben, so daß Ihr das meditative Leben mit erfrischtem Geist und erneuerter Energie weiterführen könnt.

Dieses meditative Leben sollte mit großer Sorgfalt und Umsicht gelebt werden, um die zerklüfteten Felsen und Verwirrungen zu umgehen. Wenn die Geisteskraft, die einmal in die richtige Richtung ging, auf halbem Wege in Verwirrung gerät, wird sie ihren Schwung verlieren. Daher solltet ihr größere Begeisterung entwickeln und diese Geisteskraft erneuern, und so alle Möglichkeiten der Verirrung ausschließen.

***

Anhang 2

Die achtzehn Arten des geläuterten Hellblicks

(Aus der Visuddhi–Magga, XX. 90, P.P., S.732;
Seite 833 der deutschen Übersetzung)

(1) durch »Betrachtung der Vergänglichkeit« (*aniccānupassanā*) überwindet man die Unvergänglichkeitsvorstellung,

(2) durch »Betrachtung des Leidens« (*dukkhānupassanā*) überwindet man die Glücksvorstellung,

(3) durch »Betrachtung der Unpersönlichkeit« (*anattānupassanā*) die Persönlichkeitsvorstellung,

(4) durch »Betrachtung der Abwendung« (*nibbidānupassanā*) die Lust,

(5) durch »Betrachtung der Loslösung« (*virāgānupassanā*) die Gier,

(6) durch »Betrachtung der Erlöschung« (*nirodhānupassanā*) die Daseinsentstehung,

(7) durch »Betrachtung des Fahrenlassens« (*paṭinissaggānupassanā*) das Festhalten,

(8) durch »Betrachtung des Versiegens« (*khayānupassanā*) die Vorstellung von etwas Festem,

(9) durch »Betrachtung des Hinschwindens« (*vayānupassanā*) das Anhäufen,

(10) durch »Betrachtung der Veränderlichkeit« (*vipariṇāmânupassanā*) die Vorstellung von etwas Beständigem,

(11) durch »Betrachtung des Bedingungslosen« (*animittānupassanā*) die Daseinsbedingung,

(12) durch »Betrachtung des Wunschlosen« (*appaṇihitānupassanā*) das Verlangen,

(13) durch »Betrachtung der Leerheit« (*suññatānupassanā*) das Sichanklammern,

(14) durch den »Hohen Wissenshellblick« (*adhipaññāvipassanā*) das Sichanklammern an die fixe Idee einer Wesenheit,

(15) durch den »der Wirklichkeit gemäßen Erkenntnisblick« (*yathābhūtañāṇadassana*) das Sichanklammern an die Verblendung,

(16) durch »Betrachtung des Elends« (*ādīnavānupassanā*) das Sichanklammern an die Lust,

(17) durch »Nachdenkende Betrachtung« (*paṭisankhānupassanā*) die Gedankenlosigkeit,

(18) durch »Betrachtung des Sichwegneigens« (*vivaṭṭānupassanā*) das Sichanklammern an Neigungen.

Die Eigenschaft der Vergänglichkeit: Nr. 1,6,8,9,10,11,14.
Die Eigenschaft des Leids: Nr. 2,4,5,12,16.
Die Eigenschaft des Nicht–Selbst: Nr. 3,7,13,15,17,18.

* * *

Anhang 3

Der Bewußtseinsprozeß beim Erlangen der *jhānas* und des überweltlichen Pfades

Der Bewußtseinsprozeß (*cittavīthi*) ist im Abhidhamma und den Kommentaren als erklärendes Hilfsmittel eingeführt, um zu erfassen, wie sich die Geistesakte zu zielgerichteten Abfolgen zusammenfügen. In der Philosophie des Geistes, die dem Abhidhamma zugrundeliegt, teilt sich der geistige Prozeß in zwei hauptsächliche Kategorien auf. Die eine ist passives, die andere aktives Bewußtsein. Das passive Bewußtsein besteht aus einer Kette von flüchtigen Geisteszuständen einheitlicher Art, die das Lebenskontinuum (*bhavaṅga*) genannt wird. Diese Art Bewußtsein zieht sich durch das ganze Leben eines Individuums von der Geburt bis zum Tod und wird nur durch das Auftreten des aktiven Bewußtseins unterbrochen. Das Lebenskontinuum ist das Ergebnis vom Karma, das in früheren Leben erzeugt wurde, und bestimmt die Grundveranlagung des Individuums in der Gegenwart. Am vorherrschendsten ist es im Tiefschlaf, obwohl es auch unbemerkt jeden Tag unzählige Male im wachen Zustand auftritt, in den kurzen Abständen zwischen dem aktiven Bewußtsein.

Während die Geistes–Momente des Lebenskontinuums in Wesen und Funktion identisch sind, sind die des aktiven Bewußtseins vollkommen verschieden voneinander. Mit ihren besonderen Eigenschaften und Formen werden diese Geistes–Momente durch bestimmte Gesetze zu einer funktional wirksamen Abfolge verknüpft, die Bewußtseinsvorgang (*cittavīthi*, wörtlich: Weg der Geistesakte) genannt wird. Die Bewußtseinsprozesse sind unterschiedlicher Art, der Hauptunterschied besteht zwischen den Sinnesvorgängen und dem inneren Denkprozeß. Ein ganzer Sinnesvorgang umfaßt siebzehn Geistes–Momente. Im ersten Teil dieser Abfolge wendet sich der Geist dem aufgetretenen Sinnesobjekt zu, wird sich seiner bewußt, empfängt den Eindruck, prüft ihn und entscheidet über sein Wesen. Bis zu diesem Punkt läuft der Vorgang ganz automatisch ab, doch nach dem Entscheidungsakt reagiert der Geist auf das Sinnes–Objekt nach seinem jeweiligen Willen. In dieser Phase, die aus sieben Geistes–Momenten besteht, die *javanas* genannt werden, wird neues Karma erzeugt. Nach der Phase der *javanas* registriert der Geist den Eindruck und fällt dann in das Lebenskontinuum (*bhavaṅga*) zurück.

In einer vollständigen reflektierenden Abfolge gewöhnlicher Art, bei der das Objekt ein reflektierend erwogener Sinneseindruck, ein geistiges Bild oder eine Idee ist, ist der Vorgang weniger differenziert. Nach dem Verlassen des Kontinuums, wendet sich der Geist dem Objekt zu, und tritt dann in die *javana*–Phase ein, wo er eine willentliche Reaktion entwickelt. Schließlich registriert er das Objekt und gleitet wieder in das Lebenskontinuum zurück.

Das Erlangen der *jhānas* und des Pfad–Moments sind beides Momente des reflektierenden Bewußtseinsprozesses, unterscheiden sich jedoch bedeutsam von der gewöhnlichen Art des Vorgangs. In der gewöhnlichen Abfolge sind die *javana*–Momente alle identisch, hier jedoch zeigen sie eine stufenweise Entwicklung.

Im Falle des Erlangens der *jhānas* geht die *javana*–Phase nach dem Moment des Zuwendens durch fünf Stadien: Vorbereitung (*parikamma*), Angrenzung (*upacāra*), Anpassung (*anuloma*), Reifemoment (Änderung der Abstammung; *gotrabhū*), vollkommene Vertiefung (*appanā*). Manche Meditierende beginnen mit dem Angrenzungsstadium ohne die vorbereitende Arbeit. Bei ihnen sind die spirituellen Fähigkeiten schon gut entwickelt. Anpassung ist das Zuwenden des Geistes in Übereinstimmung mit der bisher geleisteten Arbeit, um so die eigenen Resultate zu festigen. Bei der »Änderung der Abstammung« ist mit »Abstammung« in diesem Zusammenhang die Sphäre sinnlichen Begehrens gemeint. Dies bezieht sich auf das Überwinden der Abstammung aus der Sinnenwelt, das Hineinwachsen in die erhabenen Ebenen (d.h. die feinkörperlichen und unkörperlichen Sphären). Das Stadium der Vertiefung ist die *jhāna* selber, die von einem einzigen Geistes–Moment bis zu einer langen Folge solcher Momente andauern kann, ganz abhängig von den Fähigkeiten des Meditierenden. Das Objekt aller *javana*–Momente ist dasselbe, das Gegenbild (*paṭibhāganimitta*). Wir können den Vertiefungsvorgang so aufschlüsseln:

Lk	A	VA	Ang	Anp	ÄdA	Ver
***	***	***	***	***	***	***

Lk – Lebenskontinuum
A – Aufmerken
VA – Vorbereitende Arbeit
Ang – Angrenzung
Anp – Anpassung
ÄdA – Änderung–der–Abstammung
Ver – Vertiefung

Die drei Sternchen bedeuten jeweils, daß jeder Geistes–Moment drei Unter–Momente hat: Entstehen, Bestehen und Vergehen.

Im Falle des Erlangens des Pfad–Moments sind die einleitenden Stadien ähnlich wie für die Vertiefung, doch betrifft die »Änderung–der–Abstammung« hier das Hinausgehen über die weltliche Ebene, um die überweltliche zu entwickeln. Der Höhepunkt des Vorgangs sind der Pfad– und Frucht–Moment. Der Pfad–Moment dauert ausnahmslos nur einen Moment. Der Frucht–Moment dauert zwei Momente, wenn die vorbereitende Arbeit getan worden ist, drei Momente, wenn die vorbereitende Arbeit ausgelassen wurde.

Das vollständige Erlangen des Pfades kann so beschrieben werden:

Lk	A	VA	Ang	Anp	ÄdA	P	F	F	Lk
***	***	***	***	***	***	***	***	***	***

P – Pfad–Moment
F – Frucht–Moment

***

Anhang 4
Einheitlichkeit

In der Paṭisambhidāmagga heißt es: „Der Geist, der in sechserlei Hinsicht geläutert ist, wird rein und erlangt die Einheitlichkeit. Und was ist diese Einheitlichkeit?

(1) Die Einheitlichkeit, die durch die Erinnerung an Großzügigkeit verursacht wird.
(2) Die Einheitlichkeit, die durch das Auftreten der Ruhe-Meditation entsteht.
(3) Die Einheitlichkeit, die durch das Merkmal der Auflösung entsteht.
(4) Und die Einheitlichkeit, die durch das Eintreten des Verlöschens entsteht.

Die Einheitlichkeit, die durch die Erinnerung an Großzügigkeit verursacht wird, betrifft diejenigen, die großzügig veranlagt sind. Die Einheitlichkeit, die durch die Ruhe-Meditation entsteht, wird von denen erlangt, die sich der Entwicklung des Geistes zuwenden. Die Einheitlichkeit, die durch das Geschehen des Merkmals der Auflösung entsteht, ist für jene Menschen typisch, die die Einsichtsmeditation entfalten. Die Einheitlichkeit, die durch den Akt des Verlöschens entsteht, ist eine Erfahrung der Edlen." (Ps. I, S.166 ff.)

Die »Einheitlichkeit«, die hier gemeint ist, ist nichts anderes wie Konzentration. In diesem Zusammenhang wird sie vierfach aufgeführt, je nachdem, wie verschiedene Menschen zu dieser Konzentration kommen. Von diesen vieren kann die erste Art der Konzentration entweder dadurch erlangt werden, daß man sich an eine bestimmte kürzlich vollbrachte, großzügige Handlung erinnert, oder geistig bei anderen großzügigen Taten verweilt, die man sich zugute halten kann.

Die zweite Art der Einheitlichkeit ist die Konzentration, die zu den erhabenen Meditationen führt, die aber noch der weltlichen Ebene angehören. Sie wird auch Vertiefungs–Konzentration genannt. Sie umfaßt die vier *jhānas* (Vertiefungen), die zum Bereich der feinkörperlichen Form gehören, und die meditativen Vertiefungen der vier formlosen Bereiche.

Die dritte Art der Einheitlichkeit ist die Konzentration, die im Verlauf der Einsichtsmeditation durch die Betrachtung der Natur der *sankhāras* oder Daseinsgebilde aufsteigt. Sogar ohne das Erlangen von Geistessammlung durch Ruhemeditation richtet ein Meditierender seinen Geist auf gewisse Daseinsgebilde. Wenn er weiter mit Ausdauer bei der Betrachtung bleibt, wird er diese Einheitlichkeit, diese Konzentration erreichen. Schließlich wird diese Konzentration sogar den gleichen Grad der Stärke gewinnen wie die Vertiefungs–Konzentration. Wenn der Meditierende, ausgestattet mit dieser Art Konzentration, die Daseinsgebilde weiterhin betrachtet, wird sich der Erkenntnisblick entfalten. Wann immer er den überweltlichen Pfad erlangt, so kann dieses Pfad–Bewußtsein in sich als *jhāna* betrachtet werden, weil es Verwandtschaft mit Faktoren hat, die den *jhānas* zu eigen sind, wie z.B. der ersten *jhāna*. Was im Buddhismus als Transzendenz bekannt ist, sind diese überweltlichen Stufen der Konzentration, die auch dem reinen Einsichtsmeditierenden zugänglich sind.

Die vierte Art der Einheitlichkeit, die erwähnt wird, ist die Konzentration, die die Edlen erreichen, wenn sie die Früchte des Edlen Pfades erlangen. Sie wird »die Einheitlichkeit, die durch das Eintreten des Verlöschens entsteht«

genannt, weil sie *Nibbāna* zum Objekt hat. Die Edlen, die das Pfad–Bewußtsein wie z.B. das des Stromeingetretenen erlangt haben, können dessen Frucht wieder aufsteigen lassen und die Glückseligkeit des *Nibbāna* immer wieder genießen. Dies ist die Übung der Edlen, die eine der vier Stufen der Verwirklichung* erlangt haben.

Ein Aspekt verdient in diesem Zusammenhang noch erwähnt zu werden. Wenn Meditierende, die Einsichtsmeditation praktizieren, entweder Angrenzende Sammlung oder Vertiefungs–Konzentration durch Formen der Ruhe–Meditation bereits erworben haben, ist es ziemlich einfach für sie, die gewünschten Resultate zu erlangen. Hingegen wird jemand, der die Praxis der reinen Einsichtsmeditation aufnimmt, ohne vorher Konzentration erlebt zu haben, von Anfang an unermüdliches Bemühen aufbringen müssen, bis er die gewünschten Resultate erzielen kann. Er sollte wirklich alle Erwartungen bezüglich seines Körpers und seines Lebens in der allumfassenden Anstrengung, das höchste Ziel zu erreichen, aufgeben.

— Ende —

---

* *sotāpanna* (Stromeingetretener), *sakadāgāmi* (Einmalwiederkehrer), *anāgāmi* (Nichtwiederkehrer), *arahant* (der Vollendete).

Veröffentlichungen von

Ayya Khema

1.) Veröffentlichungen in deutscher Sprache

1.1) Bücher:

Buddha ohne Geheimnis – Die Lehre für den Alltag, Theseus–Verlag, Zürich 1986 (4.Auflage)

Dhammatage mit Ayya Khema, Selbstverlag der Buddhistischen Gemeinschaft Stuttgart e.V., 1986

Sei dir selbst eine Insel – Wege zur Emanzipation des Geistes, Theseus–Verlag, Zürich 1987 (3.Auflage) (Übersetzung von »Be an Island unto yourself«)

Meditation ohne Geheimnis, Theseus–Verlag, Zürich 1988 (2.Auflage)

Logik des spirituellen Weges – Die überweltliche Entstehungskette, Herausgegeben von Folker Frank, Selbstverlag, 1988

Der Pfad zum Herzen zur Verwirklichung der Buddha Lehre, Diamant Verlag, Arnstorf 1990
(Übersetzung von »All of us«)

Unsere Umwelt als Spiegel – Der Weg zum Frieden, Jhana–Verlag, Uttenbühl 1991

Morgenröte im Abendland – Buddhistische Meditationspraxis für westliche Menschen – Achtsamkeit und Einsicht als Schlüssel zur inneren Freiheit, O.W.Barth Verlag, München 1991

Kleine Schritte auf dem Weg des Buddha, Jhana–Verlag, Uttenbühl 1992
(Übersetzung von »Little Dust«)

1.2.) Einzelne Vorträge in Zeitschriften, Broschüren und Büchern:

Hunger nach Dhamma, »Bodhi Baum«, Wien, 3/4, 1989 (Übersetzung von »Hunger for the Dhamma«)

Frauen und Spiritualität, »Lotusblätter«, München, Nr. 4/89, 1/90

Wieso Meditation?, Jhana–Verlag, Uttenbühl, 1990

Der Wegweiser – Die Rolle des Lehrers im Theravāda–Buddhismus, »Lotusblätter«, München, 4/90, 1/91, (Übersetzung von »The role of the teacher in Theravādan–Buddhism: The Shower of the Way«)

Die Welt so sehen, wie sie wirklich ist, »Universale Religion«, Herrischried, 7.Jahrg, Nr.2, Februar 1991

Die Bedeutung der Ordination als buddhistsiche Nonne, »Töchter des Buddha – Leben und Alltag spiritueller Frauen im Buddhismus heute«, Karma Lekshe Tsomo (Hrsg.), Diederichs Verlag, München 1991 (Übersetzung von »The significance of Ordination as a Buddhist Nun«)

Um was geht`s denn eigentlich?, Jhana–Verlag, Uttenbühl 1992

Kann eine Frau *Nibbāna* erreichen?, »Dialog der Religionen«, 2.Jahrg., Heft 2, S.177–184, Chr. Kaiser, 1992, (Übersetzung von »Can women attain *Nibbāna*?«)

Vom Geist geführt die Dinge sind, »Lotusblätter«, München, Nr. 1 & 2, 1993

Der gute Freund, »Vesakh 2537«, *Theravāda*–Schule, Wien 1993

1.3.) Interviews

Interview mit Ayya Khema, geführt von Sylvia Wetzel im Oktober 1989, in »Lotusblätter«, München 4/89, 1/90

Interview mit Ayya Khema, geführt von Ursula Baatz, in »Bodhi Baum«, Wien, 16.Jahrg., Nr.1/1991

Interview mit der Ehrw. Ayya Khema und *Bhiksunī* Pema Chodron, unter dem Titel »Nonnenklöster im Westen«, in »Töchter des Buddha«, Karma Lekshe Tsomo (Hrsg.), Diederichs Verlag, München 1991

Interview mit Ayya Khema, geführt von Detlef Kantowsky im Juni 1989, in »Wegzeichen – Gespräche über buddhistische Praxis«, Detlef Kantowsky (Hrsg.), Universität Konstanz, Forschungsberichte 4, Konstanz 1991

Interview mit Ayya Khema, geführt von Anne Bancroft, in »Wo Weisheit wächst– Frauen öffnen sich dem Göttlichen«, Anne Bancroft, Walter Verlag, Olten 1992, (Übersetzung von »Weavers of Wisdom«, Arkana 1989)

1.4.) Veröffentlichte Vorträge auf Kassetten und Videos

1.4.1.) Kassetten:

Meditationen des Herzens, Lambdoma, Hamm 1990, Jhana–Verlag

8 Liebende–Güte–Meditationen, Buddha–Haus, Uttenbühl 1993

Außerdem liegt ein großes Kassetten–Archiv mit über 700 Vorträgen aus den Jahren 1983–1993 vor.

1.4.2) Videos

Im Jahre 1992 wurden einzelne Vorträge und auch Vorträge während einiger Meditationskurse im Buddha–Haus auf Video aufgenommen.

2.) Veröffentlichungen in englischer Sprache:

2.1) Bücher:

Be an Island unto yourself, Parappuduwa Nuns Island, Sri Lanka, 1986, 1988.

All of us, Parappuduwa Nuns Island, Sri Lanka, 1987, 1988

Little Dust, Parappuduwa Nuns Island, Sri Lanka, 1988

Here and Now, Parappuduwa Nuns Island, 1989

Being Nobody, Going Nowhere – Meditations on the Buddhist Path, Wisdom Publications, Boston 1987, (3.Auflage), (Winner of the Christmas Humphreys Award)

When the Iron Eagle flies, Arkana, London 1991.

2.2.) Einzelne Vorträge in Zeitschriften, Broschüren und Büchern:

Can women attain *Nibbāna*?, Uni Konstanz, Herausgegeben von Prof.Dr.Detlef Kantowsky

The Significance of Ordination as a Buddhist Nun, in »Sakyadhītā – Daughters of the Buddha«, Karma Lekshe Tsomo (Hrsg.), Snow Lions Publication, Ithaca, New York 1988

The Practice of Love, »Karuṇā«, Vancouver, Spring 1991, Vol.8, No.1

The Power of Love, »Parappuduwa Nuns Island Newsletter«, Vol.5 1987–88

Hunger for the Dhamma, »Parappuduwa Nuns Island Newsletter«, Vol.6 1988–89

(Die Liste ist leider unvollständig.)

2.3.) Interviews

Interview mit Ayya Khema, in »Remarkable Women – Buddhist Teachers in America«, Leonore Friedman, Shambala, Boston 1987

Discussions with Ayya Khema and *Bhiksunī* Pema Chodron, »Establishing Nunneries for Westeners«, in »*Sakyadhītā* – Daughters of the Buddha«, Karma Lekshe Tsomo (Hrsg.), Snow Lions Publications, Ithaca, New York 1988

Interview mit Ayya Khema, in »Turning the Wheel – American Women creating the New Buddhism«, Sandy Boucher, Harper & Row, San Francisco 1988

Interview mit Ayya Khema, in »Weavers of Wisdom – Women mystics of the twentieth Century«, Anne Bancroft, Arkana, London 1989

2.4.) Veröffentlichte Vorträge auf Kassette

Auf Englisch gibt es über 700 Kassetten mit Ayya Khemas Dhamma–Vorträgen und geführten Meditationen.

3.) Übersetzungen von Büchern in andere Sprachen:

Auf Holländisch sind »Being Nobody, Going Nowhere«, »Buddha ohne Geheimnis« und »When the Iron Eagle flies« erschienen.

Auf Italienisch wurde 1992 »When the Iron Eagle flies« veröffentlicht: «Quando vola l'Aquila d'Ferro«, Ubaldini Editione, Roma 1992.

Auf Spanisch ist das Buch »Being Nobody, Going Nowhere« in Vorbereitung.

Auf Singhalesisch soll das Buch »Be an Island unto yourself« herauskommen.

Veröffentlichungen des Jhana–Verlag:

- **Dhammapada mit Kommentar**, aus dem Pali übersetzt vom Ehrw. Nyānatiloka Mahātera. Wörtliche metrische Übersetzung und Kommentar zu der ältesten buddhistischen Spruchsammlung, in deutscher Sprache. Die Übersetzung wurde vom Ehrw. Nyānatiloka Mahātera bereits 1943 abgeschlossen und das fertige Manuskript auf Wunsch des Ehrw. Nyānaponika Mahātera unverändert in dem vorliegenden Buch abgedruckt.

Leinen gebunden, 372 Seiten ISBN 3-928396-01-3

- **Erleuchtete Liebe 1992**
Kalender für das Jahr 1992 (ein Sammelobjekt)
mit 13 Farbbildern von Buddha-Statuen.

Größe 42x29,7 cm ISBN 3-928396-00-5

- **Erleuchtete Liebe 1994**
Kalender für das Jahr 1994
mit 13 Farbbildern von Buddha-Statuen.

Größe 54x38 cm ISBN 3-928396-06-4

Bestellungen oder Anfragen richten Sie bitte an:

Jhana-Verlag
Buddha-Haus
Uttenbühl 5
D-87466 Oy-Mittelberg

Telefon: 08376-502
Fax: 08142-8377